瞬間！ 韓国語会話エクササイズ

SYUNKAN! EXERCISE!

イ・ダ

イラストをながめるだけで

「話す力」がぐんぐん身につく！

KADOKAWA

音声ダウンロード方法

この本で取り上げたフレーズの韓国語音声を聞くことができます。記載されている注意事項をよく読んで、ダウンロードページへ進んでください。下記の URL へパソコンからアクセスすると、mp3 形式の音声データをダウンロードできます。

https://www.kadokawa.co.jp/product/322005000639/

ユーザー名：　**daheekankokugo**

パスワード：　**kankokugo-kaiwa2020**

注意事項 ●ダウンロードはパソコンからのみとなります。携帯電話・スマートフォンからはダウンロードできません。●音声は mp3形式で保存されています。お聴きいただくには mp 3ファイルで再生できる環境が必要です。●ダウンロードページへのアクセスがうまくいかない場合は、お使いのブラウザが最新であるかどうかご確認ください。また、ダウンロードする前に、パソコンに十分な空き容量があることをご確認ください。●フォルダは圧縮されています。解凍したうえでご利用ください。●音声はパソコンでの再生を推奨します。一部ポータブルプレーヤーにデータを転送できない場合もあります。●なお、本サービスは予告なく終了する場合がございます。あらかじめご了承ください。

はじめに

INTRODUCTION

初めて日本に行き、初めて日本語で会話を交わし、「本当に通じるんだ…！」とドキドキしながら喜んだ夏の日のことを、今でもずっと覚えています。

はじめまして、イ・ダヒです。学生の頃から日本語を勉強していた私がオンラインで韓国語を教え始めたのは約7年前。以来、言葉が通じる喜びを感じられる日が早く来ますように…と日々韓国語を勉強しているみなさんを応援しています。

韓国語を勉強していると、語順どおりに訳したら全然伝わらなくてあわてたり、自分が話している韓国語が正しいのか不安になったり、単語や表現の使い分けに悩むことがあると思います。そういった**不安要素をなくすためには、いろいろなシチュエーションでの会話に触れることが一番**です。

この本では、読者のみなさんが主人公になって、まるで**韓国で暮らしているかのようなシチュエーションで、飽きずに楽しくリアルな会話を学ぶことができます**。定番のていねい表現はもちろん、友だち同士で使えるタメロ会話も紹介しています。

すぐに韓国旅行や留学ができなくても、韓国人と話す機会が少なくても、勉強していれば少しずつ自然な韓国語が使えるようになります。どんなきっかけであっても、どんな目標があっても、あるいは大げさな目標がなくても、韓国語を勉強したいという気持ちになったからには少しでも上達を目指して一緒に頑張っていきましょう！　いつも応援しています。

―― **イ・ダヒ**

この本の使い方

本書は「シーンページ」と「解説ページ」に分かれています。まずは「シーンページ」に載っているイラストと場面説明＝お題を読み、韓国語で自分なりに答えてみるのがポイント。学習方法は次のような3ステップになっています。

1. 「シーンページ」でイラストと場面説明＝お題を確認
2. 相手に伝える内容を韓国語で「瞬間的」に答える
3. 「解説ページ」で解答例を確認

韓国語で答える際は、日本語をそのまま直訳したり、じっくり頭で考えてから答えたりしないこと。すぐに答えることを意識してください。

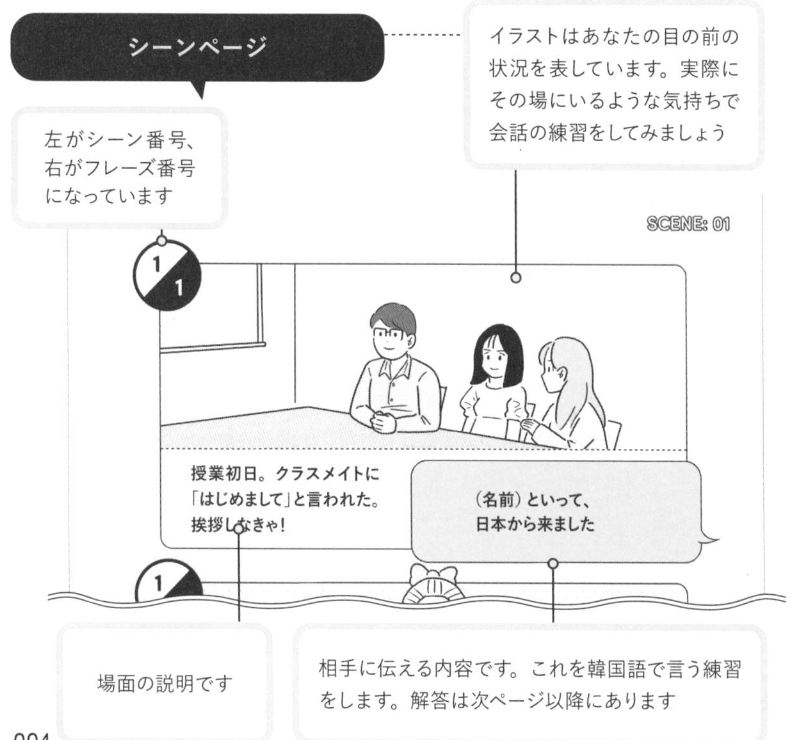

解説ページ

解答となる韓国語のフレーズを紹介(これはあくまでも一例です。紹介したもの以外にもいろいろな言い方があります)

授業初日。クラスメイトに「はじめまして」と言われた。挨拶しなきゃ！

1/1

저는 (名前) 라고 하고요 ,
일본에서 왔어요 .

チョヌン ラゴ ハゴヨ / イルボネソ ワッソヨ

(名前) といって、日本から来ました

単語の意味や表現のポイント、発音の注意などを紹介

かんたん解説 相手のセリフ : 처음 뵙겠습니다 .

文法解説 テンポよく続けて話せる - 고요

- 고요は2つ以上の文を並列するときに使う～고にていねい語の語尾요がついた形。고요とすれば続けて言いたいことを表しつつ文章をいったん区切ることができるので、～고だけで並列していくよりはテンポよく続けて話せます。

フレーズに使われている構文や文法を解説。いったん覚えるとさまざまな表現に活用できるようになります

これも言ってみよう！

☐ (名前) です。

(名前) 라고 합니다 .（ラゴ ハムニダ）

- 라고 하다 (～という) はほかにも - 라고 해요、- 라고 하고요に活用して使えます。

☐ 日本では会社員 (を) してました。

일본에서는 회사 다녔어요 .（イルボネソヌン フェサ タニョッソヨ）

회사원 (会社員) ではなく「会社に通う」という動詞を使った表現のほうが自然です。

☐ これから仲良くしてください。

친하게 지내요 .（チナゲ ヂネヨ）

直訳「仲良くすごしましょう」。친하게 지내다 (親しく過ごす) の文末に - 아 / 어요 (～ましょう) をつけた形。

018

同じようなシチュエーションで使えるフレーズ例を紹介

話す力が身につく 7 つのポイント！

POINT 1

まるでバーチャル韓国留学！ ロールプレイングで楽しく学べる

参考書のフレーズはどこか他人事。そのためただの暗記で終わってしまい、なかなか覚えられないという人は多いのではないでしょうか。

本書の舞台は韓国・ソウル。主人公はあなたです。

語学スクールで、アルバイト先で、カフェや飲み会で…まるで実際に韓国で暮らしているかのようなシチュエーションイラストを見ながら韓国語で会話をしていくことで、楽しみながらリアルな会話表現を学べるようになっています。

POINT 2

直訳ぐせを脱却！自然な会話表現が身につく

韓国旅行中、現地の人に話しかけられたのにうまく返せなかった経験はありませんか？　あとで冷静になって考えれば、ちゃんと答えられる質問だったのに…。**すぐに反応できない理由は頭の中でいったん日本語に置き換え、それを韓国語に直訳しているため。**これを続けている限りスムーズな会話のさまたげになるだけでなく、いつまでも自然な韓国語が身につきません。まずはイラストを見て口に出してみてください。考え込むのは厳禁です！

POINT 3

タメ口にも挑戦してみよう！

友だち同士の会話シーンでは、積極的にタメ口を取り入れました。**ドラマで耳にするようなおなじみの言い回しを楽しんで**みてください。

また、一般的な参考書には掲載されていない絶妙なニュアンスを伝える表現も多数あります。「それを韓国語で言ってみたかった！」というフレーズがきっと見つかるはずです。

POINT 4

まずはフレーズを使いこなす。文法解説は2巡目以降でも！

解答例に関連した「文法解説」を掲載していますが、最初は読み飛ばしてもかまいません。まずは解答例のフレーズを何度も口に出し、応用できるようしっかり身につけてください。
「文法解説」はある程度、韓国語を学んだ人向けに役に立つ内容になっています。間違いやすい文法表現、使い分けに迷う単語の解説などを中心に紹介しました。

POINT 5

日本語と韓国語の表現の差にとまどわないで！

本書ではできるだけリアルな会話表現にこだわりました。そのため**日本語のセリフと韓国語の表現が大きく異なる**ことがあります。
たとえば日本語の「よかった」はさまざまなシーンに使えますよね。「あのカフェよかったよ」「大ケガしなくてよかった」「よかったら食べてみます？」…全部「よかった」一語ですみます。ですが、韓国語には「よかった」のような単語はないので、シチュエーションによって単語を使い分けする必要があります。そのような差が表現の違いに表れていますが、ゆっくり慣れていってくださいね。

POINT 6

音声ダウンロードで発音をチェック

なるべく実際の発音に近いルビをつけていますが、日本語で表しきれない発音もあります。**音声を聞いてリアルな発音を確認**してみてください。韓国語は発音が少し違うだけで意味が変わったり、伝わらなくなったりする言語です。リアルな発音に耳を慣らすためにも必要です。
音源には解答例の韓国語のみ収録されています。会話相手からの問いかけがある場合は、相手の言葉が先に読まれます。

POINT 7

とにかく楽しんでやる！

イラストを見て口に出した韓国語が回答と違ったからといって、落ち込む必要はありません。**解答はあくまでも解答例**です。「そういう表現もあるんだ〜」で大丈夫！　楽しんで続けることが、会話力を伸ばす一番のコツです。

CONTENTS

SCENE:03 友だちを食事に誘う

SCENE:04 ショッピングで

SCENE:05 グループ発表

SCENE:06 アルバイト

SCENE:07 人気のカフェで

SCENE:08 地下鉄・タクシーで

SCENE:09 初めての歌番組

SCENE:10 映画を観に行く

SCENE:11 ちょっとした一言

SCENE:12 飲み会に参加

SCENE:13 世間話

SCENE:14 体調がすぐれない

SCENE:15 誕生日に

SCENE:16 友だちの家に行く

SCENE:17 ほめ言葉

INDEX

Dahee's KOREA REPORT

STAFF

アートディレクション：北田進吾
デザイン：北田進吾、山田香織（キタダデザイン）
イラスト：アボット奥谷
声の出演：イム・チュヒ
録音協力：一般財団法人英語教育協議会（ELEC）

校正：水科哲哉
（合資会社アンフィニジャパン・プロジェクト）、
渡辺麻土香
ＤＴＰ：佐藤史子
企画・編集：仁岸志保

TRACK 01

いよいよソウルでの生活がスタート、今日は語学学校の初日。初対面の相手との挨拶や距離を縮める会話を紹介します。

はじめまして

1/1

授業初日。クラスメイトに「はじめまして」と言われた。挨拶しなきゃ!

(名前)といって、日本から来ました

1/2

留学中の抱負を聞かれた。

韓国にいる間にいろんなことに挑戦してみたいです

1/3

どこの国から来た人なんだろう?

ご出身はどちらなんですか?

授業初日。クラスメイトに「はじめまして」と言われた。
挨拶しなきゃ！

チョヌン　　　　　　ラゴ　ハゴヨ
저는 (名前) 라고 하고요 ,

イルボネソ　ワッソヨ
일본에서 왔어요 .

(名前) といって、日本から来ました

かんたん解説　相手のセリフ：처음 뵙겠습니다 .

文法解説　**テンポよく続けて話せる - 고요**

– 고요は２つ以上の文を並列するときに使う〜고にていねい語の語尾요がついた形。고요とすれば続けて言いたいことを表しつつ文章をいったん区切ることができるので、〜고だけで並列していくよりはテンポよく続けて話せます。

これも言ってみよう！

□ **(名前) です。**

ラゴ　ハムニダ
(名前) 라고 합니다 .

– 라고 하다 (〜という) はほかにも – 라고 해요、– 라고 하고요に活用して使えます。

□ **日本では会社員 (を) してました。**

イルボネソヌン　フェサ　タニョッソヨ
일본에서는 회사 다녔어요 .

회사원 (会社員) ではなく「会社に通う」という動詞を使った表現のほうが自然です。

□ **これから仲良くしてください。**

チナゲ　チネヨ
친하게 지내요 .

直訳「仲良くすごしましょう」。친하게 지내다 (親しく過ごす) の文末に – 아 / 어요 (〜ましょう) をつけた形。

留学中の抱負を聞かれた。

ハングゲ インヌン トンアン イゴッチョゴッ マニ
한국에 있는 동안 이것저것 많이
トジョネ ボリョゴヨ
도전해 보려고요 .

韓国にいる間にいろんなことに挑戦してみたいです

かんたん解説 –는 동안（～している間）。名詞につけることもでき、その場合は○○동안になります。 3시간동안（3時間）

文法解説 **してみようと思っている –아 / 어 보려고요**

–아 / 어 보다（～してみる）に –（으）려고（～しようと思う）がつくと、–아 / 어 보려고요（してみようと思っている）と言うことができます。また「いろんなこと」を訳すときに使いがちな여러가지は、여러가지＋名詞の形でしか使えないので、名詞なしでも使える이것저것（あれこれ）を覚えておくと便利です。ちなみに韓国語では「これあれ」の順番になります。

これも言ってみよう！

☐ **地方を旅してみようと思っています。**

タルン チバンエド ヨヘン カ ボリョゴヨ
다른 지방에도 여행 가 보려고요 .

여행（을）가다（旅行に行く）。

☐ **友だちをたくさんつくりたいです。**

チングルル マニ サグィゴ シポヨ
친구를 많이 사귀고 싶어요 .

사귀다は異性との付き合いだけではなく「友だちをつくる」意味でも使います。

☐ **大邱（テグ）にはまだ一度も行ったことないです。**

テグエヌン アヂク ハン ボンド アン ガ ボァッソヨ
대구에는 아직 한 번도 안 가 봤어요 .

「まだ経験してない」は안 –아 / 어 봤어요（～したことない）を使います。

1/3

オディエソ　オショッソヨ

어디에서 오셨어요?

ご出身はどちらなんですか?

かんたん解説 直訳では「どちらから来られましたか?」。

文法解説 **敬語の過去形は語尾に -(으) 셨어요**

敬語の過去形は動詞のあとに -(으) 셨어요をつけます(パッチムありの場合は -으셨어요、なしの場合は -셨어요)。語尾の変化を詳しく解説すると、たとえば오다(来る)の場合
오다+시다(尊敬語の語尾)=尊敬語　오시다(来られる)
오시다+았/었어요(過去形の語尾)=尊敬語の過去形오셨어요(来られました)となります。

これも言ってみよう!

☐ **(国名)の方ですか?**

プニセヨ

(国名)분이세요?

분は「人」の尊敬語で「方」の意味。사람이세요?(中国人ですか?)より、중국 분이세요? のほうがていねいです。

☐ **(国名、地名)はどんな食べ物が有名ですか?**

ウン/ヌン　ムスン　ウムシギ　ユミョンヘヨ

(国名、地名)은/는 무슨 음식이 유명해요?

무슨(どんな、何の)。

☐ **(国名、地名)には旅行で何度か行ったことがあります。**

エヌン　ヨヘンウロ　ミョッ　ポン　カ　バッソヨ

(国名、地名)에는 여행으로 몇 번 가봤어요.

「旅行に行く」「出張(출장)に行く」の「で」は -으로を使います。

同じ歳ぐらいに見えるけど
…年齢を聞いてみよう。

失礼ですが、おいくつですか？

「どうして留学しようと思ったんですか？」と聞かれた。

K - POPアイドルが好きなんです。
彼らの話す言葉を理解したくて

「カカオ、交換しましょう」
と言われた。

私のID検索してもらってもいいですか？

同じ歳ぐらいに見えるけど…年齢を聞いてみよう。

シルレジマン　ナイガ　オットケ　ドェセヨ
실례지만 나이가 어떻게 되세요？

失礼ですが、おいくつですか？

かんたん解説　目上の人には나이（年齢）ではなく연세（年齢の尊敬語）を使います。

文法解説　**相手について何でも聞ける 어떻게 되세요?**

어떻게 되세요? は相手について何でもたずねることができる便利なフレーズです。たとえば、こんな感じに使いこなしてみてください。성함이（이름이）어떻게 되세요? お名前は何ですか?、키가 어떻게 되세요? 身長は何センチですか?、생일이 어떻게 되세요? 誕生日はいつですか?

これも言ってみよう！

☐ **タメ口で話してもいいですよ。**

マルスム　ピョナゲ　ハセヨ
말씀 편하게 하세요.

直訳では「気楽に（편하게）話してください」。目上の人にも使えます。

☐ **私たち同い年だし、タメ口で話しましょうか?**

ウリ　トンガビンデ　マル　ノウルカヨ
우리 동갑인데 말 놓을까요?

말을 놓다（タメ口で話す）。동갑（同い年）。

☐ **私と3つ違いですね。**

チョハゴ　セ　サル　チャイネヨ
저하고 세 살 차이네요.

차이（差、違い。漢字語の差異）。

「どうして留学しようと思ったんですか?」と聞かれた。

チョアハヌン　グルピ　インヌンデ
좋아하는 K-POP 그룹이 있는데,
メンボドゥリ　ハヌン　マルル　ド　チャル　アラドゥッコ
멤버들이 하는 말을 더 잘 알아듣고
シポソヨ
싶어서요.

K-POPアイドルが好きなんです。彼らの話す言葉を理解したくて

かんたん解説 直訳では「メンバーたちの話す言葉をもっと理解したくて」。
相手のセリフ:한국에 유학 오게 된 계기가 뭐예요?

文法解説 **理由を言うときの -아/어서요**

本来なら、멤버들이 하는 말을 더 잘 알아듣고 싶어서 유학을 결정했어요(メンバーたちが話す言葉をもっと知りたくて、留学しようと思いました)と言うところ、-아/어서+요とすることであとに続く文章(유학을〜)の省略が可能。短くていねいに理由を伝えることができます。요をつけずに-아/어서で文章が終わるとタメ口になるので気をつけましょう。

これも言ってみよう!

□ **ドラマを字幕なしでも聞き取れるようになりたいんです。**

ドゥラマルル　チャマク　オプシド　アラドゥッコ　シポソヨ
드라마를 자막 없이도 알아듣고 싶어서요.

자막 없이(字幕なしで)。자막을 안 보고(字幕を見ないで)も使えます。

□ **前の会社を辞めて留学を決めました。**

フェサルル　クマンドゥゴ　ユハグル　キョルチョンヘッソヨ
회사를 그만두고 유학을 결정했어요.

회사를 그만두다(会社をやめる)。결정(決定)하다は「決める」の意味です。

□ **留学して正解でした。**

ユハク　オギル　チャレッソヨ
유학 오길 잘했어요.

-기를 잘했다(〜してよかった、〜して正解だった)。

「カカオ、交換しましょう」と言われた。

제 아이디 검색해 주실래요？

チェ　アイディ　コムセケ　ヂュシルレヨ

私のID検索してもらってもいいですか？

かんたん解説 相手のセリフ：카톡 친구추가 해도 돼요?

文法解説 「～していただけますか」は韓国語で？

韓国語には「～していただく」のような謙譲表現がないため、「～してくださいませんか?」という意味の –아 / 어 주시겠어요? もしくは –아 / 어 주실래요? を使います。주다（くれる）に敬語の語尾 -(으) 시다をつけて 주시다（くださる）になります。–겠어요? と –ㄹ / 을래요? はどちらも相手の意志を聞く表現ですが、겠어요? のほうがていねいです。

これも言ってみよう！

☐ **やり方がわかりません。**

어떻게 하는지 잘 모르겠어요.

オットケ　ハヌンヂ　チャル　モルゲッソヨ

直訳では「どうやってやるのかよくわかりません」。

☐ **LINE やってますか？**

라인 해요？

ライン　ヘヨ

「やってますか」は해요?、「されていますか」は하세요?と言います。

☐ **電話番号聞いてもいいですか？**

전화번호 물어 봐도 돼요？

チョヌァボノ　ムロ　ボァド　ドェヨ

「聞く」は묻다ですが、「聞いてもいいですか」は물어 보다をよく使います。

SNSでやりとりしていた同じアイドルのファン、テヨンと初対面。

こうやって会って話すって不思議な感じするね！

となりはスンミさん。「テヨンから聞いています。すみません、アイドルのことあまり知らないのについて来ちゃいました」

とんでもないです！来てくれて逆にうれしいです

スンミさんは私やテヨンより年上って言ってたな…。

私のほうが年下なので気楽に話してください

SNSでやりとりしていた同じアイドルのファン、テヨンと初対面。

イロケ　マンナソ　イヤギハニカ
이렇게 만나서 이야기하니까

シンギハダ
신기하다 !

こうやって会って話すって不思議な感じするね！

かんたん解説 신기하다は「不思議だ」のほかに「信じられない、新鮮だ」などの意味があります。敬語の場合は이렇게 만나서 이야기하니까 신기하네요！

文法解説 独り言 - 다！の使い方

会話のとき動詞を原形のまま使うことはありませんが、신기하다！のように形容詞はそのまま使うことがあります。それは感嘆詞のように自分が感じたことを独り言で言う場合。와！예쁘다！（わー！ きれい！）、맛있다！（おいしい！）。タメ口のやりとり以外でも使えます。

これも言ってみよう！

□ **明日会えるの楽しみです。**

ネイル　マンナヌン　ゴ　ノム　キデドェヨ
내일 만나는 거 너무 기대돼요 .

「楽しみです」は기대（期待）という単語を使って기대돼요と言います。

□ **ちょっと緊張してきました。**

チョグム　キンヂャンドェヨ
조금 긴장돼요 .

□ **やっと会えましたね。**

トゥディオ　マンナンネヨ
드디어 만났네요 .

드디어（やっと、いよいよ、ようやく）。겨우（やっと）は「かろうじて、ようやく」と少しネガティブなニュアンスがあるので使い分けに気をつけましょう。

となりはスンミさん。「テヨンから聞いています。すみません、
アイドル（のこと）あまり知らないのについて来ちゃいました」

ミアナダニヨ
미안하다니요！

ワ　チョソ　オヒリョ　コマウォヨ
와 줘서 오히려 고마워요 .

とんでもないです！　来てくれて逆にうれしいです

かんたん解説　相手のセリフ：태연이한테 이야기 많이 들었어요 . 아이돌 잘 모르는데 따라 와서 미안해요 .

文法解説　「とんでもないです」を表す - 다니요

– 다니요は驚いたときや聞き返すときに使う文末表現です。相手に言われた言葉をそのまま返す感じで文末に – 다니요をつけると、「とんでもないです、～だなんて、そんなことないです」などの意味で使うことができます。上の例文は相手が言った미안해요に引っかけて미안하（다）+ 다니요＝미안하다니요の形になっています。

これも言ってみよう！

☐ **いつからお知り合いですか？**

オンヂェプト　アルゴ　チネッソヨ
언제부터 알고 지냈어요？

알고 지내다（知り合う）。「知り合いとして付き合う」を意味します。

☐ **これから仲良くしましょう。**

アプロ　チナゲ　チネヨ
앞으로 친하게 지내요 .

앞으로（これから、今後）、친하게 지내다（仲良く過ごす）。

スンミさんは私やテヨンより年上って言ってたな…。

1/9

チョボダ オンニニカ マルスム ピョナゲ ハセヨ

저보다 언니니까 말씀 편하게 하세요 .

私のほうが年下なので気楽に話してください

かんたん解説 直訳では「私よりお姉さんだから～」。말씀 편하게 하세요 (タメ口でもいいですよ、気楽に話してください) と伝える定番フレーズです。

文法解説 **理由を表す -(으) 니까 の使い方**

니까 , 서 , 때몬에など「～だから」という理由を表す表現はいくつかありますが、-(으) 세요で終わる文章では必ず -(으) 니까を使います。

커피가 뜨거우니까 조심하세요 . コーヒーが熱いので気をつけてください。

이 책 재미있으니까 읽어 보세오 . この本おもしろいので読んでみてください。

これも言ってみよう！

☐ **周りからなんと呼ばれていますか?**

チュビョネソ ムォラゴ プルロヨ

주변에서 뭐라고 불러요 ?

韓国語では「呼ばれる」という受身形を使うより、「周りの人たちは (あなたを) なんと呼びますか」という言い方をするのが一般的です。

☐ **オンニと呼んでもいいですか?**

オンニラゴ プルロド ドェヨ

언니라고 불러도 돼요 ?

부르다 (呼ぶ) は - 아 / 어に接続すると불러になります (르不規則変化)。아 / 어 도 돼요 (～してもいいですか)。

1/10

2人にクラスメイトの
優子を紹介しよう。

こちらは優子さん。
私と同じ語学学校に通っています

1/11

優子にテヨンのことも
紹介しなきゃ!

テヨンは一番仲のいい
韓国人の友だちだよ

1/12

お互い挨拶もすんだことだし…。

じゃ、そろそろごはん食べに
行こう!

2人にクラスメイトの優子を紹介しよう。

1/10

イッチョグン　ユコラゴ　チョラン　カトゥン　オハクタンエ
이쪽은 유코라고 저랑 같은 어학당에

タニヌン　チングイェヨ
다니는 친구예요 .

こちらは優子さん。私と同じ語学学校に通っています

かんたん解説　이쪽（こちら）は方向を言うときの表現です。저쪽（あちら）、그쪽（そちら）とセットで覚えましょう。上の例文の저랑のように「〜と」という意味の（이）랑はくだけた会話でよく使います。어학당（語学堂）とは外国人が韓国語を学ぶ語学学校のことです。

文法解説　説明を続ける「〇〇といって〜」

紹介したい人や物について話すときに、〇〇라고 / 이라고と名前を言ってから説明します。名前の最後の文字がパッチムありなら－이라고をつけて、수진이라고（スジンといって）のように、パッチムなしなら－라고をつけて 다희라고（ダヒといって）になります。

これも言ってみよう！

□ 同じバイト先の友だちです。

カトゥン　カゲエソ　アルバハヌン　チングイェヨ
같은 가게에서 알바하는 친구예요 .

알바하는（バイトしている）。韓国ではアルバイトのことを「アルバ」と言います。일하는（働いてる）に言い換えてもOKです。

□ 日本人の友だち紹介してほしいと言ってたでしょ？

イルボン　チング　ソゲヘ　ダルラゴ　ヘッソッチョ
일본 친구 소개해 달라고 했었죠 ?

〜아 / 어 달라고 하다（〜してほしいと言う）。

優子にテヨンのことも紹介しなきゃ！

テヨニヌン　チェイル　チナン　ハングギン　チングヤ
태연이는 제일 친한 한국인 친구야 .

テヨンは一番仲のいい韓国人の友だちだよ

かんたん解説 韓国語の助詞의（の）は省くことが多いです。초등학생 아이（小学生の子ども）、미국 친구（アメリカ人の友だち）。

文法解説 **混乱しやすい「一番」という韓国語**

番号を言うときの「1番」は일번ですが、最もという意味の「一番」は제일（第一）と가장を使います。どちらも会話表現で使えますが、カジュアルな会話では제일をよく使います。

これも言ってみよう！

☐ **SNSで知り合った友だちです。**

エソ　マンナン　チングイェヨ
SNS 에서 만난 친구예요 .

알게 되다（知るようになる）を使ってSNS 에서 알게 된 친구예요でもOKです。

☐ **私の友だちは日本語がまったくわからないです。**

チェ　チングヌン　イルボノルル　ヂョニョ　モルラヨ
제 친구는 일본어를 전혀 몰라요 .

전혀（まったく、全然）は否定文でしか使えません。

お互い挨拶もすんだことだし…。

1/12

チャ　クロム　スルスル　パプ　モグロ　ガルカ

자, 그럼 슬슬 밥 먹으러 갈까?

じゃ、そろそろごはん食べに行こう!

かんたん解説 次に進めたいときの「さてと」は韓国語で자と言います。

文法解説 **食事に誘うときに使えるフレーズ**

食事や映画など、相手を誘うときは－ㄹ/을까요?(～しませんか?、しましょうか?)という表現をよく使います。タメ口の場合は－ㄹ/을까?になります。一緒に行きたいところがある場合は－(으) 러 가다(～しに行く)を応用した－(으) 러 갈까요? (～しに行きましょうか?)というフレーズも使ってみてください。

これも言ってみよう!

☐ **全員集まったし、行きましょうか?**

タ　モヨッスニカ　ガルカヨ

다 모였으니까 갈까요?

「全員」は漢字で전원と書きますが、日常会話では다(全部)を使います。

☐ **みんな何か食べたいものありますか?**

タドゥル　ムォ　モッコ　シプン　ゴ　イッソヨ

다들 뭐 먹고 싶은 거 있어요?

뭔가(何か)は会話表現では뭐を使うのが一般的です。

Dahee's KOREA REPORT

01

韓国語を教えることになったきっかけ

ワーキングホリデーで日本に滞在している間、韓国語を教えるボランティアをしたことがあります。当時は教えるための知識がなかったのでうまく説明できずにもやもやしたり、説明できてうれしかったり、とても新鮮でおもしろかったです。

その後、何度か同様のボランティアに参加しましたが、帰国後は韓国語を教えるどころか、日本語を話す機会もなく、1年ほどアルバイトをしながら退屈な日々を過ごしていました。

そんなある日、偶然オンラインで韓国語を教える人を探しているという求人広告を見て、ドキドキした気持ちで応募しました。最初は単に、韓国にいても日本語の練習ができるメリットを感じて興味本位で始めました。でもちゃんと説明できるように韓国語を教えるための授業を受けたり、本屋に毎日通い詰めて韓国語の教科書を読んだりして、外国語としての韓国語をもっと勉強したいという気持ちを抱くようになりました。

それまでは日本語が話せる以外特技もない自分自身に落ち込んでいましたが、「日本語ができてよかった」と思えるようになってから、韓国語を教えることが大好きになりました。

TRACK 02

わからない単語の意味や自分の韓国語が正しいかどうかをたずねるフレーズなど、語学学習に必要なフレーズがわかります。

授業で

先生の説明を聞き逃しちゃった!

先生! すみません、
もう一度説明してくださいますか?

早くて聞き取れない〜。

もうちょっとゆっくり
話していただけますか?

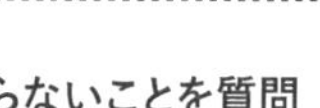

わからないことを質問したい。

それってどういう意味ですか?

先生の説明を聞き逃しちゃった！

2 1

ソンセンニム
선생님！

チェソンハンデ　ハン　ボンマン　ド　ソルミョンヘ　ヂュシミョン
죄송한데 , 한 번만 더 설명해 주시면

アン　ドェルカヨ
안 될까요？

先生！　すみません、もう一度説明してくださいますか？

かんたん解説　「もう一度」は한 번（一度）+더（もっと）＝한 번 더 と言いますが、ていねいにお願いする場合は만（だけ）を加えて한 번만 더（もう一度だけ）と言います。

文法解説　**ていねいなお願い① - 아 / 어 주시면 안 될까요?**

– 아 / 어 주시면 안 될까요？は「～していただけませんか？」を意味し、相手に迷惑にならないようにていねいにお願いをするときによく使うフレーズです。直訳すると「～していただくことはむずかしいでしょうか？　不可能でしょうか？」になります。

これも言ってみよう！

□ **すみません、○○のあとなんておっしゃいましたか？**

チェソンハンデ　タウメ　ムォラゴ　ハショッソヨ
죄송한데 , ○○다음에 뭐라고 하셨어요？

말（言葉）の敬語말씀を使って뭐라고 말씀하셨어요？でもOKです。

□ **字が見えないです（見えにくいです）。**

クルチャガ　チャル　アン　ボヨヨ
글자가 잘 안 보여요 .

글자（字）、보이다（見える）。

早くて聞き取れない～。

チョグムマン ド チョンチョニ マルスメ ヂュシル ス イッスルカヨ
조금만 더 천천히 말씀해 주실 수 있을까요 ?

もうちょっとゆっくり話していただけますか？

かんたん解説 「もう少し」なら조금（少し）と더（もっと）を合わせて조금 더、「もう少しだけ」と言いたいときは만（だけ）を加えて조금만 더と使います。

文法解説 ていねいなお願い② - 아 / 어 주실 수 있을까요？

「～していただけますか？」を意味し、直訳すると「～していただくことは可能ですか？」。韓国語には「～していただく」という受身表現がないため、- 아 / 어 주시다（～してくださる）に可能を表す - ㄹ / 을 수 있다をつけて、- 아 / 어 주실 수 있을까요？ と言います。

これも言ってみよう！

□ 早すぎて聞き取れませんでした。

ノム パルラソ モ ダラドゥロッソヨ
너무 빨라서 못 알아들었어요 .

못 알아の発音はㅅパッチムの発音変化によって［モダラ］になります。

□ もう少し大きな声で話していただけますか？

チョグム ド クゲ マルスメ ヂュシル ス イッスルカヨ
조금 더 크게 말씀해 주실 수 있을까요？

큰 목소리로（大きな声で）말하다、크게（大きく）말하다でもOKです。

□ もう少し簡単に（わかりやすく）話していただけますか？

チョグム ド シプケ マルスメ ヂュシル ス イッスルカヨ
조금 더 쉽게 말씀해 주실 수 있을까요？

쉽다（簡単だ）に - 게をつけると쉽게（簡単に、わかりやすく）になります。

2/3

クゲ　ムスン　ットゥシエヨ
그게 무슨 뜻이에요？

それってどういう意味ですか？

かんたん解説 「それって」は「それが」と同じで그게(그것이の短縮形）と言います。「これって」は이게、「あれって」は저게になります。

文法解説 「○○って何ですか？」

「○○って何ですか？、○○ってどういう意味ですか？、○○って誰ですか？」などとたずねる場合の「～って」は○○이／가～を使います。
'한복'이 뭐예요？ 韓服って何ですか？
'꿀잼'이 무슨 뜻이에요？ 「クルジェム」ってどういう意味ですか？
ちなみに꿀잼は「おもしろい」という意味の流行り言葉です。

これも言ってみよう！

☐ （ハングルで）どう書きますか？

オットケ　ッソヨ
어떻게 써요？

어떻게（どのように）は어떻다（どうだ）に게（～ように）つけた形です。

☐ これは何と読みますか？

イゴン　ムォラゴ　イルゴヨ
이건 뭐라고 읽어요？

뭐라고の代わりに어떻게でもOKです。

こういう言い方で合ってるのかな…。質問してみよう。

この言い方で合ってますか?

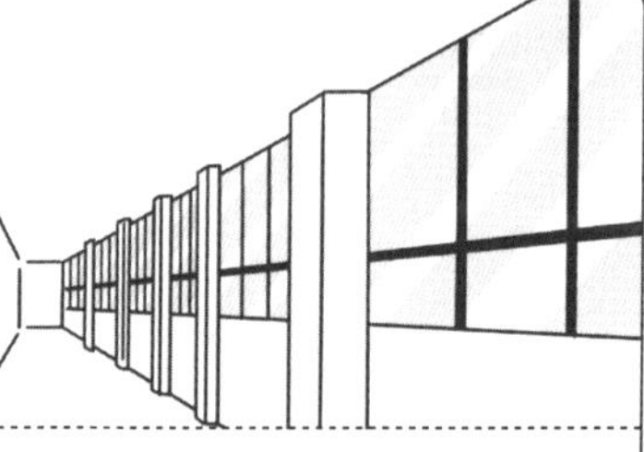

授業後、質問があって先生に声をかける。「どうしたの?」

わからないことがあるんですけど、
聞いてもいいですか?

韓国語の聞き取りには慣れたけど、話せないのが悩み…。

韓国語をもっとうまく
しゃべれるようになりたいです

こういう言い方で合ってるのかな…。質問してみよう。

2
4

イロケ マラミョン ドェヨ
이렇게 말하면 돼요？

この言い方で合ってますか？

かんたん解説 이렇게（このように）のほかに、그렇게（そのように）、저렇게（あのように）、이런（このような）、그런（そのような）、저런（あのような）、어떻게（どのように），어떤（どんな）…これらはまとめて覚えておきましょう。

文法解説 「～すればいい」を表す韓国語は？

「～してもいい、～すればいい」と言うときの「いい」は좋다ではなく되다を使います。이렇게 말하면 좋아요？と言わないように気をつけましょう。되다は許容範囲であることを意味し、좋다はこのような意味では使われません。

これも言ってみよう！

□ 間違ってないですか？

トゥルリン ゴ オプソヨ
틀린 거 없어요？

直訳では「間違っているところがないですか？」。틀리다（間違える）。

□ 実際このような言葉（を）使いますか？

シルチェロ イロン マル ッソヨ
실제로 이런 말 써요？

若者言葉や流行り言葉を覚えて、実際使うかどうか気になったときに使ってみてください。

授業後、質問があって先生に声をかける。「どうしたの？」

モルヌン　ゲ　イッソソ　クロヌンデ
모르는 게 있어서 그러는데,

ヨッチュオ　ボァド　ドェヨ
여쭤 봐도 돼요?

わからないことがあるんですけど、聞いてもいいですか？

かんたん解説　물어 봐도 돼요?よりていねいな表現です。
여쭤の原形は여쭈다（たずねる）です。
相手のセリフ：무슨 일이야?／무슨 일이세요?

文法解説　**用件を言うときに使う - 아 / 어서 그러는데**

- 아 / 어서 그러는데（～というわけなのですが）は許可を求める理由やお願いする理由を言うときの決まり文句。ちなみに - 아 / 어서のあとにすぐに도 돼요?や주세요をつけると不自然な表現になります。たとえば、寒くてエアコンを消してもいいかと聞く場合、

추워서 에어컨 꺼도 돼요? →×

추워서 그러는데 에어컨 꺼도 돼요? → ○

これも言ってみよう！

□ **質問してもいいですか？**

チルムネド　ドェヨ
질문해도 돼요?

질문이 있어요（質問があります）でもOKです。

□ **質問があるんですけど、今（お時間）よろしいですか？**

チルムニ　インヌンデ　チグム　シガン　クェンチャヌセヨ
질문이 있는데, 지금 (시간) 괜찮으세요?

相手の都合がいいかを聞くときは좋다ではなく、괜찮다を使います。

韓国語の聞き取りには慣れたけど、話せないのが悩み…。

2/6

ハングゴルル チョム ド チャラゴ シポヨ
한국어를 좀 더 잘하고 싶어요 .

韓国語をもっとうまくしゃべれるようになりたいです

かんたん解説 좀は조금の短縮形、会話のクッション言葉です。좀を強調して言うときは発音が［쫌］に聞こえる場合もあります。

文法解説 「うまくなりたい」のシンプルな言い方

「うまくしゃべれるようになりたい」をそのまま訳して말을 잘할 수 있게 되고 싶다というと回りくどい言い方になるので、シンプルに잘하고 싶다（上手にこなしたい）と言います。더（もっと）で強調して더 잘하고 싶어요（もっと上手にこなしたい）と言うこともできます。

これも言ってみよう！

☐ リスニングはまあまあだけど、スピーキングが苦手です。

トゥッキヌン クェンチャヌンデ マラギガ オリョウォヨ
듣기는 괜찮은데 , 말하기가 어려워요 .

쓰기（書き）、읽기（読み）、말하기（話し）。

☐ うまく話せないのが悩みです。

マリ チャル アン ナワソ コミニエヨ
말이 잘 안 나와서 고민이에요 .

말이 잘 안 나오다は直訳すると「言葉が出てこない」。

☐ ある程度は話せるけど、まだ自信がないです。

オヌ ヂョンドヌン ハル ス インヌンデ アヂク チャシニ オプソヨ
어느 정도는 할 수 있는데 , 아직 자신이 없어요 .

자신이 없다（自信がない）。

27

試験を受けたけど、あまり
できなかったことを先生に報告。

点数がとれなくてくやしいです

28

先生によい勉強方法を
教えてもらいたい…。

どうやって勉強したらいいか
わかりません

29

なぐさめてくれる先生に
やる気を宣言。

次は絶対受かってみせます!

試験を受けたけど、あまりできなかったことを先生に報告。

2/7

チョムスガ　チャル　アン　ナワソ　ソクサネヨ
점수가 잘 안 나와서 속상해요 .

点数がとれなくてくやしいです

かんたん解説 直訳では「点数（점수）がうまく出てこない」。

文法解説 「くやしい」のさまざまな言い方

「くやしい」を意味する単語は속상하다、분하다、억울하다などがありますが、期待していた結果が出なくて「惜しい、落ち込んだ」という気持ちを表現するときは속상하다を使います。ちなみに분하다、억울하다は自分がその結果の原因になる場合は使えません。両方とも怒りを表現する言葉なので気をつけましょう。

これも言ってみよう！

☐ **時間が足りなかったです。**

シガニ　プジョケッソヨ
시간이 부족했어요 .

부족하다（不足する）のほかにも모자라다（足りない）をよく使います。시간이 모자랐어요でもOK。

☐ **思ったよりむずかしかった／やさしかったです（簡単だった）。**

センガㇰポダ　オリョㇷ゚トラゴヨ　センガㇰポダ　シュイㇷ゚トラゴヨ
생각보다 어렵더라고요 / 생각보다 쉽더라고요 .

自分が経験したことについて感想を言うときに－더라고요という語尾を使います。

☐ **ケアレスミスが多かったです。**

シㇽスロ　トゥㇽリン　ムンジェガ　マナッソヨ
실수로 틀린 문제가 많았어요 .

실수로 틀리다（ケアレスミスで間違える）。

先生によい勉強方法を教えてもらいたい…。

オットン シグロ コンブハミョン チョウルチ
어떤 식으로 공부하면 좋을지

モルゲッソヨ
모르겠어요 .

どうやって勉強したらいいかわかりません

かんたん解説 어떻게（どうやって）以外に、어떤 식으로（〜というふうに）でもOK。

文法解説 「どうすればいいかわかりません」は韓国語で？

どうすればもっといい結果になるかわからない場合は、-（으）면 좋을지 모르겠어요（〜すればいいかわからない）というフレーズをよく使います。

선물 뭐 사면 좋을지 모르겠어요．プレゼント、何を買えばいいかわかりません。

뭐 입고 가면 좋을지 모르겠어요．何を着て行けばいいかわかりません。

これも言ってみよう！

☐ **勉強するのに最適な本ありますか？**

コンブハギ チョウン チェㇰ イッソヨ
공부하기 좋은 책 있어요？

-기 좋다（〜するのにいい、最適だ）。

☐ **発音はどうやって勉強したらいいですか？**

パルムン オットケ コンブハミョン ドェヨ
발음은 어떻게 공부하면 돼요？

어떻게は어떤 식으로でもOKです。

☐ **どうしたらうまく聞き取れるようになるんですかね？**

オットケ ハミョン トゥッキ シㇽリョギ チョアヂルカヨ
어떻게 하면 듣기 실력이 좋아질까요？

실력이 좋아지다を直訳すると「実力がよくなる」。

なぐさめてくれる先生にやる気を宣言。

29

タウメヌン　コッ　プッコ　マル　コイェヨ

다음에는 꼭 붙고 말 거예요 !

次は絶対受かってみせます！

かんたん解説 「試験に受かる」は붙다（受かる）と합격하다（合格する）をよく使います。

文法解説 「絶対〜してみせます！」を意味する -고 말 것이다

強い決意をしたときは -고 말 것이다（絶対〜してみせます）という表現を使います。ていねいに話す場合は꼭 -고 말 거예요、タメ口では꼭 -고 만다もしくは꼭 -고 말 거야と言います。

これも言ってみよう！

☐ 勉強不足だったみたいです…。

チョム ド ヨルシミ ヘッソヤ ドェンヌンデ

좀 더 열심히 했어야 됐는데…

直訳では「もっとやるべきだった」。

☐ あと2点で4級（を）とれたのに！

イジョム モヂャラソ サグプ ットロヂョッソヨ

이 점 모자라서 사급 떨어졌어요 .

直訳では「2点足りなくて（모자라서）4級落ちました（떨어졌어요）」。

☐ ぎりぎり合格でした。

アスラスラゲ ハプキョケッソヨ

아슬아슬하게 합격했어요 .

아슬아슬하다（ぎりぎり）を턱걸이로と言い換えることもできます。턱걸이はもともと「懸垂」のことで「ぎりぎり合格した」という意味でよく使われます。

2
10
応援してくれる先生に
決意表明しておこう。
もっと本気で韓国語の勉強を
頑張ることにします！

2
11
205
相談にのってくれて
ありがたいなぁ。
いつもお時間とって（教えて）
いただいてありがとうございます

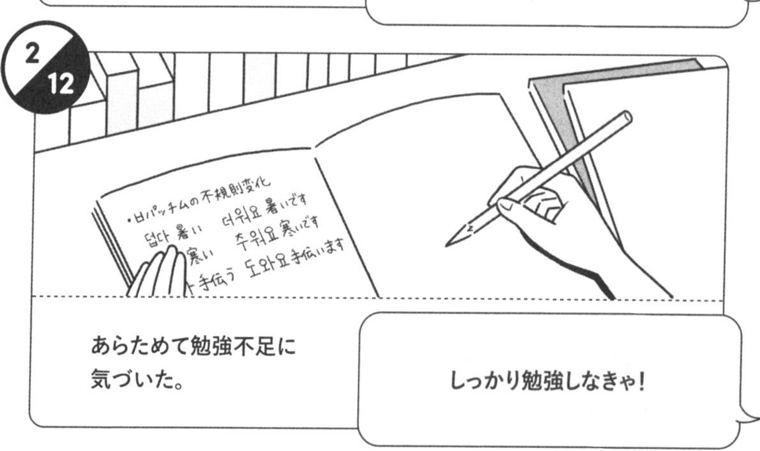
2
12
・ㅂパッチムの不規則変化
덥다 暑い　더워요 暑いです
寒い　추워요 寒いです
手伝う　도와요 手伝います
あらためて勉強不足に
気づいた。
しっかり勉強しなきゃ！

応援してくれる先生に決意表明しておこう。

2/10

ド　ヨルシミ　コンプハギロ　マウム　モゴッソヨ

더 열심히 공부하기로 마음 먹었어요！

もっと本気で韓国語の勉強を頑張ることにします！

かんたん解説 마음（을）먹다は大きな決意をしたときに使います。

文法解説 「～することにした」を意味する -기로 했어요

動詞の語幹＋기로 하다で、～どうするか決めたと言うことができます。例文は기로 하다をさらに強調して、大きな決意を決めたというときの기로 마음 먹었어요を使っています。

これも言ってみよう！

☐ **毎日3時間は必ず勉強することにしました。**

メイル　セ シガンシク　コンプハギロ　マウム　モゴッソヨ

매일 세시간씩 공부하기로 마음 먹었어요 .

-씩（～ずつ）。

☐ **毎日単語を10個ずつ覚えることにしました。**

メイル　タノ　ヨルケシク　ウェウギロ　キョルシメッソヨ

매일 단어 열개씩 외우기로 결심했어요 .

暗記するという意味で「覚える」と言うときは외우다を使います。

☐ **次の試験に向けて頑張ります。**

タウム　シホムル　モクピョロ　ヨルシミ　ヘボルケヨ

다음 시험을 목표로 열심히 해볼게요 .

-을 / 를 목표로（～を目標に）。夢を語るときや方向、目的地を言う場面では～을 / 를 향해서（～に向けて）。

相談にのってくれてありがたいなぁ。

ハンサン　シガン　ネソ　カルチョ　ヂュショソ
항상 시간 내서 가르쳐 주셔서
カムサハムニダ
감사합니다 .

いつもお時間とって（教えて）いただいてありがとうございます

かんたん解説　시간을 내다（時間をつくる、時間を割く）。「出す」という意味でおなじみの내다には「時間の余裕をつくる」という意味もあります。

文法解説　日常会話でよく使う「いつも」は？

「いつも」という意味の単語には항상、언제나、늘などがありますが、会話でよく使うのは항상です。언제나、늘は会話よりも、歌詞や手紙のような書き言葉でよく見かける単語です。日常的な場面で「いつも」と言うときは항상を使うようにしてください。

これも言ってみよう！

- □ いつも感謝しています。

  ハンサン　カムサハゲ　センガカゴ　イッソヨ
  항상 감사하게 생각하고 있어요 .

  お世話になっている人に対してよく使う言い方です。

- □ 勉強（を）手伝ってくれてありがとうございます。

  コンブ　トワ　ヂュショソ　カムサハムニダ
  공부 도와 주셔서 감사합니다 .

  돕다（手伝う）は－아／어に接続すると도와になります（ㅂ変則活用）。

- □ わからないことがあればまた聞いてもいいですか？

  モルヌン　ゴ　イッスミョン ット ヨッチュオ ボァド　ドェヨ
  모르는 거 있으면 또 여쭤 봐도 돼요 ?

  또 물어 봐도 돼요？ よりていねいな言い方です。

あらためて勉強不足に気づいた。

2/12

ヂョンシン チャリゴ チェデロ コンプヘヤゲッタ

정신 차리고 제대로 공부해야겠다 !

しっかり勉強しなきゃ！

かんたん解説

「ちゃんと、しっかり」は제대로と정신 차리고をよく使います。정신は「精神」のことで、차리다がつくと「気を確かに持つ、しっかりする」という意味になります。

文法解説

意志を表す - 아 / 어야겠다

「〜しなくちゃ、〜しないとまずい」は – 아 / 어야겠다を使います。独り言のように決意したことを言うときは – 아 / 어야겠다、相手にちゃんと伝わるように敬語で話すときは – 아 / 어야겠어요、タメ口で話す場合は – 아 / 어야겠어と言います。

これも言ってみよう！

☐ **もっと頑張らなきゃですね。**

ド ブンバルヘヤゲッソヨ

더 분발해야겠어요 .

분발（気合いを入れる）は漢字語の「奮発」。

☐ **やる気はあるんだけど、なかなか上達しないです。**

ヨルシミ ハリョゴヌン ハヌンデ チョムチョロム シルリョギ ヌルジ アナヨ

열심히 하려고는 하는데 좀처럼 실력이 늘지 않아요 .

「やる気がある」には決まった訳し方がなく、状況によって変わります。열심히 하려고는 하는데は直訳すると「頑張ろうと思うことは思うんだけど」。

☐ **最近勉強する時間がなくて〜（泣）**

ヨヂュム コンブハル シガニ オプソソ

요즘 공부할 시간이 없어서…

– ㄹ / 을 시간이 없다（〜する時間がない）。

Dahee's KOREA REPORT 02

語学の勉強に必要なこと

私が日本語を勉強していたときに心がけていたことがあります。1 なんで？　と思ったことはすぐに調べること、2 完璧に覚えたという確信がつくまで何度もチェックすること、3 初めて見た表現は実際に会話で使ってみること、4 視覚に頼らないこと。

４つの中でも、最後の２つはとくに大事です。単語を覚えるときにいろいろな方法を試してみましたが、見るだけでは絶対頭に入らないということに気がつきました。覚えたい単語を付箋に書いて部屋の壁に貼ったり、単語帳を持ち歩いたりしてみましたが、一番覚えられたと思ったのはその単語を使ってたくさん作文をしてみたり、直接紙に書いてみることだったのです。

韓国語を学ぶときも同じです。話す機会がないならなおさら、作文の練習や書く練習が必要です。こうしてアウトプットできるようになったら、次はインプット。知っている言葉も実際にネイティブが話しているのを聞くとどういうシチュエーションで使うのか学べるので、ラジオやドラマを見るのも大事です。そうしているうちに短い単語ではなく、状況にふさわしいフレーズで話せるようになると思います。

TRACK 03

語学学校の仲間ともそろそろ打ち解けてきたはず。食事の誘いやお店で困ったときに使えるフレーズを紹介します。

友だちを食事に誘う

3/1

友だちを食事に誘ってみよう!

もしよかったら、
ごはん食べに行かない?

3/2

何人か行ける人が集まったけど、お店に入れるかな…。

今ちょうどランチタイムだから
席空いてないかもしれないよ。
まずは電話してみよう

3/3

気になっていたお店に案内。
「何がおすすめなの?」と
聞かれて。

ここのポッサムがおいしいんだって

3/1

シガン クェンチャヌミョン パプ モグロ アン ガルレ
시간 괜찮으면 밥 먹으러 안 갈래？

もしよかったら、ごはん食べに行かない？

かんたん解説 相手の都合に配慮する「よかったら」は좋다（よい）ではなく괜찮다（大丈夫）を使います。괜찮으면と覚えておきましょう。

文法解説 **友だちを誘うときの - ㄹ / 을래？**

안 – ㄹ / 을래？（〜しない？）は友だちとのカジュアルな会話で誘うときによく使う表現です。– ㄹ / 을래？（〜する？）とセットで覚えておきましょう。友だちだけど敬語で話す場合は、最後に요をつけて、– ㄹ / 을래요？という形で使うことができます。

これも言ってみよう！

□ **よく行っているおいしいお店があるんです。**

ネガ チャヂュ カヌン マッチビ イッコドゥンニョ
내가 자주 가는 맛집이 있거든요 .

맛집（おいしいお店）。거든は相手に新しい情報を伝えるときに使う表現。

□ **今度連れて行ってあげますね。**

タウメ テリョガ ヂュルケヨ
다음에 데려가 줄게요 .

데려가 줄게の語尾 – ㄹ / 을게（〜するね）は、相手と約束するようなニュアンスがあります。

□ **韓国料理好きですか？**

ハングンニョリ チョアヘヨ
한국요리 좋아해요？

한국요리 괜찮아？（韓国料理、大丈夫？）と言ってもOKです。

何人か行ける人が集まったけど、お店に入れるかな…。

3/2

チグム　ツタク　チョムシムシガニラソ　チャリ　オプスル
지금 딱 점심시간이라서 자리 없을

ス　ド　イッソ
수도 있어 .

チョヌァへ　ポゴ　カヂャ
전화해 보고 가자 .

今ちょうどランチタイムだから席空いてないかもしれないよ。まずは電話してみよう

かんたん解説 딱（ちょうど、ぴったり）。

文法解説 **意外と知らない「〜かもしれない」**

「〜かもしれない」といえば - ㄹ / 을지도 모르다を思い出すかもしれませんが、- ㄹ / 을 수도 있다 もよく使います。細かい違いを説明するなら、- ㄹ / 을지도 모르다 は自分の予想をアピールするような主観的な言い方、- ㄹ / 을 수도 있다 は客観的に考えてそういうこともあり得る、というニュアンスでよく使います。

これも言ってみよう！

☐ **（お店の情報などを見せながら）ここはどう？**

ヨギン　オッテ
여긴 어때 ?

여기는（ここは）を短くして여긴と言います。

☐ **どこかおいしいお店知ってる？**

オディ　アヌン　マッチプ　イッソ
어디 아는 맛집 있어 ?

「どこか」は어딘가ですが、会話ではよく어디と言います。

☐ **もしいっぱいだったら適当に入ろう。**

チャリ　オプスミョン　テチュン　タルン　デ　トゥロガヂャ
자리 없으면 대충 다른 데 들어가자 .

直訳では「席がなかったら適当（대충）にほかの（다른）ところ入ろう（들어가자）」。

気になっていたお店に案内。「何がおすすめなの？」と聞かれて。

3/3

イ チプ ポッサム チンチャ マシッテ
이 집 보쌈 진짜 맛있대 .

ここのポッサムがおいしいんだって

かんたん解説 고깃집（焼肉屋）、빵집（パン屋）など、「お店」は집と言うことが多いのですが가게でもOK。相手のセリフ：뭐가 맛있어？

文法解説 「～だって、～らしいよ」を表す - 다고 하다

他人や自分が言ったことを引用して話すときに使うのが、－다고 하다（～だと言う）。動詞なら－ㄴ/는다고 하다、形容詞なら語幹に－다고 하다をつけます。

내일 비 온대요（=내일 비 온다고 해요）. 明日雨が降るらしいです。

그 영화 재미있대（=그 영화 재미있다고 해요）. その映画、おもしろいんだって。

これも言ってみよう！

☐ **今、〇〇（料理名）にハマっていて、そればかり食べています。**

ヨヂュム エ ッパヂョソ クゴッマン モゴヨ
요즘 〇〇에 빠져서 그것만 먹어요 .

「～ばかり」と言いたい場合は～만（だけ）を使います。빠지다（ハマる、落ちる、外れる、抜ける）。

☐ **ポッサム屋巡りしてます。**

ポッサム マッチプ チャヂャ ダニゴ イッソヨ
보쌈 맛집 찾아 다니고 있어요 .

찾아 다니다（あっちこっち回る）。

☐ **1週間に3回は食べてます。**

イルチュイレ セ ポヌン モゴヨ
일주일에 세 번은 먹어요 .

「1週間」は일주일。漢字をそのまま訳した일주간はめったに使いません。

3/4
あれ箸がない…。
そこの箸とってくれない？
3/5
ひと口食べた友だちに
感想を聞いてみよう。
どう？
3/6
ポッサムを食べて「本当に
おいしいね」と言う友だち。
でしょ！　絶対好きだと思ったよ

あれ箸がない…。

3/4

コギ　チョッカラク　ヂョム　チュルレ
거기 젓가락 좀 줄래？

そこの箸とってくれない?

かんたん解説 かなりくだけたタメ口の場合、줄래？ ではなく좀だけでOKです。
젓가락 좀 . 箸とって。물 좀 . 水とって。

文法解説 **クッション言葉、좀を使いこなそう**

とくにお願いをするフレーズに좀を入れると、敬語表現、タメ口表現に関係なくよりていねいな言い方になります。좀がないと命令のように聞こえる場合もあるので、相手にお願いをするときには좀を入れて言えるように練習しておきましょう。

これも言ってみよう！

☐ **写真撮るからちょっと待ってくださいね。**

チャッカンマンニョ　サヂン　チョム　ッチッゴヨ
잠깐만요 . 사진 좀 찍고요 .

急いで「ストップ！」と言いたいときは잠깐만, 잠깐만요を使います。

☐ **スプーンと箸は引き出しに入ってますよ。**

スジョヌン　テイブル　ソラプ　アネ　イッソヨ
수저는 테이블 서랍 안에 있어요 .

숟가락（スプーン）と젓가락（箸）を合わせて수저と言います。서랍（引き出し）。

☐ **おしぼりもらえるか聞いてみますね。**

ムルスゴン　インヌンジ　ムロ　ボルケヨ
물수건 있는지 물어 볼게요 .

おしぼりは물수건（水タオル）、ウェットティッシュは물티슈と言います。

ひと口食べた友だちに感想を聞いてみよう。

3/5

モグルマン　ヘ
먹을만 해?

どう?

文法解説　「～してみる価値はある」を表す -ㄹ/을 만 하다

-ㄹ/을 만 하다には「そこそこいい、まあまあいい、悪くはない、してみる価値はある」という意味があります。맛있어？　と聞かれたら「おいしい」と答えなければならない負担を感じることがありますが、먹을만 해？　は「大丈夫？　食べれそう？　悪くない?」という控えめで相手に負担をかけない表現です。感想を言うときに먹을만 해/먹을만 해요を使うと、「そこまでおいしくはない」という意味で捉えられてしまうこともあるので注意しましょう。

これも言ってみよう!

☐ 口に合うといいですね。

イベ　マヂュミョン　チョッケンネヨ
입에 맞으면 좋겠네요.

입 (입맛) 에 맞다 (口に合う)。

☐ 辛くないですか?　食べられそうですか?

アン　メウォヨ　モグル　ス　イッケッソヨ
안 매워요? 먹을 수 있겠어요?

안 매워?の代わりに먹을만 해?を使ってもOKです。

☐ 熱いから気をつけて食べてくださいね。

ットゥゴウニカ　チョシメソ　モゴヨ
뜨거우니까 조심해서 먹어요.

提案・命令をする理由を言うときは必ず (으) 니까を使います。

ポッサムを食べて「本当においしいね」と言う友だち。

3/6

クチ
그치?

チョアハル　チュル　アラッソ
좋아할 줄 알았어.

でしょ！　絶対好きだと思ったよ

かんたん解説 그렇지?（でしょう）は会話では그치?　と短縮することが多いです。
相手のセリフ：너무 맛있다！

文法解説 「絶対〜だと思ったよ」を表す -ㄹ/을 줄 알았다

「絶対〜だと思ったよ」と言いたいときは、動詞と形容詞の語幹に -ㄹ/을 줄 알았다をつけます。自分が思っていたとおりの結果で「そうだと思った」と言うときは、그럴 줄 알았어というフレーズをよく使います。

これも言ってみよう！

☐ **野菜（もっといるなら）おかわりしますか？**

ヤチェ　ド　ダルラゴ　ハルカヨ
야채 더 달라고 할까요?

「おかわり」という言葉がないので、더 달라고 할까（もっとくださいと言いましょうか）という言い方になります。

☐ **キムチ辛くなくておいしいですね！**

キムチ　アン　メプコ　マシンネヨ
김치 안 맵고 맛있네요!

「辛くない」と「おいしい」という2つの特徴を並べるときは -고でつなげます。

37

この料理気になるけど
…すごく辛いのかな？

これ、すごく辛いですか？

38

なかなか料理が来ないなぁ。

注文通ってますか？

39

辛くないと言われたのに…。

辛くないと言うから頼んだのに、
めちゃくちゃ辛い

3/7

イゴ　マニ　メウンガヨ
이거 많이 매운가요？

これ、すごく辛いですか？

かんたん解説 例文は「辛い」とメニューに書いてあったり、辛いと知っている料理がどれくらい辛いか知りたい場合に使います。辛いかどうかわからない状況で聞く場合は많이をとって이거 매운가요？　と言います。

文法解説 ていねいでやさしく質問できる 나요? / 가요?

매워요？　でもいいのですが、文末に나요？/ 가요？（～ですか？）をつけるほうがていねいです。動詞の語幹には나요？、形容詞の語幹にはㄴ / 은가요？をつけて質問してみましょう。ビジネスシーンのようなフォーマルな会話よりは日常会話でよく使います。

これも言ってみよう！

□ 一人前注文できますか？

イリンブン チュムン ドェナヨ
일인분 주문 되나요？

○人前は数字＋인분。数学は漢数詞（일、이、삼…）を使います。

□ 量はどのくらいですか？

ヤン オルマナ ドェヨ
양 얼마나 돼요？

되다にはさまざまな意味があり、金額や量、数がどれぐらいなのかを言うときにも使います。

□ 子どもでも食べられますか？

エドゥルド モグル ス インナヨ
애들도 먹을 수 있나요？

아이（子ども）は会話では短く애と言います。

なかなか料理が来ないなぁ。

ホクシ　チュムン　トゥロガンナヨ

혹시 주문 들어갔나요？

注文通ってますか？

かんたん解説 얼마나 더 걸려요？（あとどれくらいかかりますか）、언제 나와요？（いつ出ますか）でもOKです。혹시は「ひょっとして…」という意味です。

文法解説

立場によって異なる「注文」の考え方

直訳では「注文が入る」。들어가다（入って行く）、들어오다（入って来る）をよく使います。韓国語は話者が誰かが重要で、「注文が通る」は、商品や料理を注文した人なら주문이 들어가다、販売する側なら주문이 들어오다になります。

これも言ってみよう！

☐ **注文してから20分も経ってるんですけど、いつ出ますか？**

シキン　ヂ　イシブ　プニナ　チナンヌンデ　オンヂェ　ナワヨ

시킨 지 이십 분이나 지났는데，언제 나와요？

-ㄴ/은 지＋経過した時間＋지나다（～してから○○経つ）は時間の経過を言うときの表現。時間や回数といった数字のあとにつく「も」は（이）나を使いましょう。

☐ **注文（を）間違えました。**

チャルモッ　チュムネッソヨ

잘못 주문했어요．

「間違えて～する」と言いたい場合は動詞の前に잘못をつけます。

☐ **注文変更できますか。**

チュムン　パックォド　ドェヨ

주문 바꿔도 돼요？

日常会話では、변경하다（変更する）より바꾸다（交換する、変える、換える）を使います。

辛くないと言われたのに…。

3 9

アン　メプタギルレ　シキョンヌンデ　ワンヂョン　メウォ

안 맵다길래 시켰는데 완전 매워 …

辛くないと言うから頼んだのに、めちゃくちゃ辛い

かんたん解説　완전（漢字語で「完全」を意味）は強調するときに使う言葉で、とくにカジュアルな場面で大げさに言うときに使います。

文法解説　**「～だと言うから」を表す - 다길래 /(이) 라길래**

길래（～なので、～するから）は話し言葉でよく使う理由表現。길래は自分以外の人や出来事が原因のとき、たとえば「雨が降っているので、時間を過ぎても来ないので」などが当てはまります。誰かが言ったことを理由として「～だと言うから」という場合は - 다길래 / (이) 라길래を使います。

これも言ってみよう！

☐ **思ったより量が多いですね。**

センガクポダ　ヤンイ　マンネヨ

생각보다 양이 많네요 .

語尾を上げて생각보다 양이 많은데요？と言ってもOKです。

☐ **このくらいの辛さならイケます。**

イ　ヂョンド　メウン　ゴン　モグル　ス　イッソヨ

이 정도 매운 건 먹을 수 있어요 .

直訳では「このくらい辛いものは食べられる」。韓国語では「辛さ」（名詞形）というような言い方はあまりしません。

店員さんに「また来てくださったんですね」と言われた。

覚えてくれてるんですね！
今日は友だち誘って連れてきました

「いつものでいいですか？」と店員さん。

今日は違うものが
食べてみたいんですけど、
ほかにおすすめありますか？

店員さんがサービスしてくれた！

（周りに）宣伝しておきますね

店員さんに「また来てくださったんですね」と言われた。

3/10

기억하시네요！(キオカシネヨ)

오늘은 친구 데리고 왔어요 .(オヌルン チング テリゴ ワッソヨ)

覚えてくれてるんですね！　今日は友だち誘って連れてきました

かんたん解説　네요の代わりに、는구나、는군요でもＯＫ。相手のセリフ:또 와 주셨네요 .

文法解説　「〜ですね」のいろんな言い方

– 네요、– 구나 / 군요は自分が経験して新しいことを知ったり、気づいたときに文末につける感嘆表現です。구나はタメ口会話や独り言、– 네요、– 군요はていねいに言いたいときに使うという違いがありますが、– 구나 / 군요は直接経験していない、他人から聞いた話に対しても使うことができます。

これも言ってみよう！

□ ほぼ毎週来ています。

거의 매주 와요 .(コィ メジュ ワヨ)

거의は [거이] と発音。의は単語の最初の文字にならない限り이 [イ] と発音します。

□ メニューが少し変わりましたね。

메뉴가 좀 바뀌었네요 .(メニュガ チョム バッキョンネヨ)

바뀌었네요は [바꼈네요] と発音します。

「いつものでいいですか?」と店員さん。

3/11

オヌルン　タルン　ゴ　モゴ　ポゴ　シプンデ
오늘은 다른 거 먹어 보고 싶은데,
ット　ムォガ　マシッソヨ
또 뭐가 맛있어요?

今日は違うものが食べてみたいんですけど、ほかにおすすめありますか?

かんたん解説　相手のセリフ:늘 드시던 걸로 드릴까요?

文法解説　「おすすめ」を聞くときに注意すること

추천 좀 해 주세요(おすすめしてください)とは言いますが、「おすすめありますか?」という場合に추천(推薦) 있어요? とは言いません。この場合は뭐가 맛있어요? 何がおいしいですか?、뭐가 잘 나가요? 何が人気ですか? といった言い方をするので覚えておきましょう。

これも言ってみよう!

☐ **辛くないメニューありますか?**

アン メウン ゴ イッソヨ
안 매운 거 있어요?

매운 거(辛いもの)。맵다(辛い)が母音に接続すると語幹が매우に変わります(ㅂ変則活用)。

☐ **シェアして食べられるメニューありますか?**

カチ ナヌォ モグル ス インヌン メニュ イッソヨ
같이 나눠 먹을 수 있는 메뉴 있어요?

나눠 먹다(分けて食べる)。

☐ **これは初めて食べてみましたが、やっぱりおいしいですね!**

イゴン チョウム モゴ ポヌンデ ヨクシ マシンネヨ
이건 처음 먹어 보는데 역시 맛있네요!

먹어 보다(食べてみる)。「〜てみる」と言う場合は動詞に -아/어 보다をつけます。

3/12

チュビョネ　ソムン　マニ　ネ　ドゥリルケヨ
주변에 소문 많이 내 드릴게요 .

(周りに) 宣伝しておきますね

かんたん解説 주변 (周り、周辺)。「周りの人」は주변 사람と言います。

文法解説 **「噂を流す」を表す 소문을 내다**

소문을 내다は「噂を流す」という意味。ゴシップだけではなく、「(いいことを) 宣伝する、知らせる」という意味でも使うことができます。소문이 나다 (話題になる、噂になる) という表現もあり、맛있다고 소문이 난 가게 (おいしいと噂になっているお店) のように使います。

これも言ってみよう！

☐ **また来ますね。**

チャヂュ　オルケヨ
자주 올게요 .

直訳では「頻繁に来ます」。強い意志ではなく、自分がしようとしていることを「～するね、～しますね」と相手に伝えるのが目的の場合は文末に - ㄹ / 을게요をつけます。

☐ **今度、友だちいっぱい連れてきます。**

タウメ　チングドゥル　マニ　テリゴ　オルケヨ
다음에 친구들 많이 데리고 올게요 .

데리고 오다 (連れてくる) の代わりに데려오다でもOKです。

Dahee's KOREA REPORT 03

日本でワーキングホリデーをしていた頃

日本語を独学で4年間勉強してからワーキングホリデーに行ったので、アルバイトはわりとすぐに見つかりました。

ですが、言語の壁は高かったです。レストランでホールスタッフのアルバイトをしていましたが、慣れない敬語と長い名前のメニューで散々な思いをしました。でも、正しい日本語を親切に教えてくれたり、怒られた私をなぐさめてくれたり、フォローしてくれる先輩がいたおかげで楽しく経験することができました。

アルバイト以外の時間は、図書館に行って勉強をしたり、本屋で立ち読みしたり、古本屋に行って本を買ったりして過ごすことが多かったですね。友だちが欲しくて日韓交流会にも何度か行きました。そこでいい友だちに出会い、いろいろなところに連れて行ってもらったり、楽しく生活することができました。

日本の大学で日本語をもっと詳しく勉強したかったのですが、見事に落ちてしまいました…。現実的な話、アルバイトと勉強の両立はやはり厳しいと痛感しました（笑）。

どうしても東口が見つからない謎の新宿駅、ほぼ毎日飲んでいたコンビニのいちごミルク、古本屋の匂いが今でも懐かしいです。

TRACK 04

ちょっとしたニュアンスを伝えたり、商品をもっと知りたいときに使えるフレーズを紹介。旅行ガイドには載っていないものばかりです。

ショッピングで

「何かお探しですか?」と
店員さんに聞かれて。

あ、いえ、見てるだけです

試着してみたけど、私には
似合わないみたい。

ちょっと色が（私には）
いまいちです…

あれ、明るいところで見たら
生地の色が思ったのと違うなぁ。

黒じゃなくてネイビーなんですね

「何かお探しですか?」と店員さんに聞かれて。

ア　クニャン　クギョン　チョム　ハルケヨ

아 , 그냥 구경 좀 할게요 .

あ、いえ、見てるだけです

かんたん解説 그냥（ただ、とくに用はない）。
相手のセリフ：찾으시는 거 있으세요？

文法解説

一人でゆっくり見て回りたいときの一言

구경하다（見物する）を使った例文のフレーズ以外にも、그냥 좀 보려고요（ただ見ようとしているだけです）、シンプルに괜찮아요（大丈夫です）でも伝わります。

これも言ってみよう！

☐ **ワンピースはどこにありますか？**

ウォンピスヌン　オディエ　イッソヨ
원피스는 어디에 있어요 ?

원피스 좀 보고 싶은데（ワンピースが見たいのですが）でもOKです。

☐ **母へのプレゼントを探しています。**

オンマ　オモニ　ハンテ　トゥリル　ソンムル　ポゴ　イッソヨ
엄마 (어머니) 한테 드릴 선물 보고 있어요 .

「〜へのプレゼント」は「〜にあげるプレゼント」のように必ず動詞を入れます。드리다は주다（あげる）のていねい語です。

☐ **ディスプレイで見かけたスカートを見せてもらえますか？**

ディピ　ドェ　インヌン　スコトゥ　チョム　ポル　ス　イッスルカヨ
디피 돼 있는 스커트 좀 볼 수 있을까요 ?

디스플레이（ディスプレイ）は、頭文字をとって디피（D.P.）と言います。디피되다（ディスプレイされる）。되다に아／어をつけると되어になりますが、略して돼という場合が多いです。

試着してみたけど、私には似合わないみたい。

チョハンテ　イ　セギ　チャル　アン　パンヌン　ゴ
저한테 이 색이 잘 안 받는 거
カタヨ
같아요 .

ちょっと色が（私には）いまいちです…

かんたん解説 받다（もらう、受け取る）には「色が似合う」という意味もあります。받는は어울리는（似合う）と言ってもOKです。

文法解説 言いにくいことを控えめに言う - 것 같아요

文章の最後に - 것 같아요をつけると、言いにくいことを控えめに伝えることができます。ストレートに言えないネガティブな感想などを失礼にならないように言うときによく使います。

これも言ってみよう!

□ **これのほかの色ってありますか?**

イゴ　タルン　セㇰド　インナヨ
이거 다른 색도 있나요 ?

「ほかの〇〇」というときは다르다（違う）の連体形、다른を使います。

□ **さっきのスカートもう一度着てみてもいいですか?**

アッカ　イボ　ボン　チマ　ハン　ボン　ド　イボ　ボァド　ドェヨ
아까 입어 본 치마 한 번 더 입어 봐도 돼요 ?

韓国語には「さっきの」という言い方がないため、「さっき着てみた（試着した）スカート」という文章にします。

□ **大きいサイズありますか?**

クン　サイズ　イッソヨ
큰 사이즈 있어요 ?

あれ、明るいところで見たら生地の色が思ったのと違うなぁ。

4/3

ッカマンセギン　ヂュル　アランヌンデ　ネイビネヨ

까만색인 줄 알았는데 네이비네요 .

黒じゃなくてネイビーなんですね

かんたん解説 네이비인 줄 몰랐어요（ネイビーだと知らなかったです）でもＯＫ。

文法解説 勘違いしたときの - 줄 알았다

「～だと思ったけど違った」と言うときは - 줄 알았다を使います。動詞、形容詞の場合は時制に合わせてそれぞれの連体形に接続し、名詞の場合は - 인 줄 알았다という形になります。ちなみに「～だと思わなかった」と言うときは - 줄 몰랐다を使いましょう。

これも言ってみよう！

☐ スカートじゃなくてズボンなんですね。

チマガ　アニラ　パジネヨ

치마가 아니라 바지네요 .

「違う、そうじゃない」は - 이 / 가 아니라（～じゃなくて）と言います。

☐ 色（を）間違えて買ったんですけど、交換してもらえますか？

セッカル　チャルモッ　サンヌンデ　キョファン　ドェヨ

색깔 잘못 샀는데 교환 돼요 ?

교환 돼요？（交換してもらえますか？）。잘못～（間違えて～する）。

店員さんが違うものを
持ってきてくれた。
「こちらはどうですか?」

いいですね! これにします

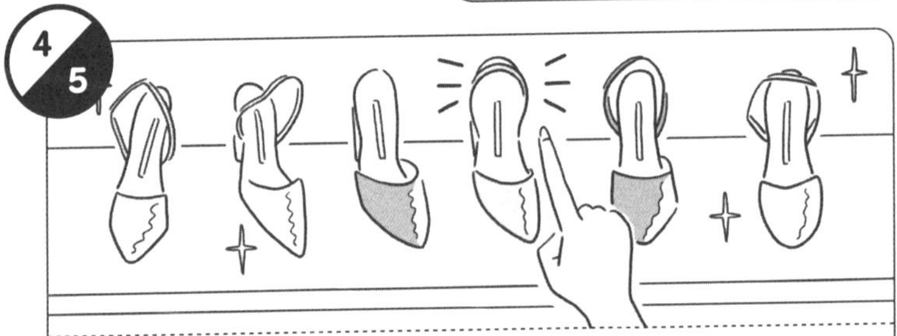

次は靴を見てみようかな。
あっ、かわいい靴を発見!

これの 23.5cm (を) 試しに
履いてみてもいいですか?

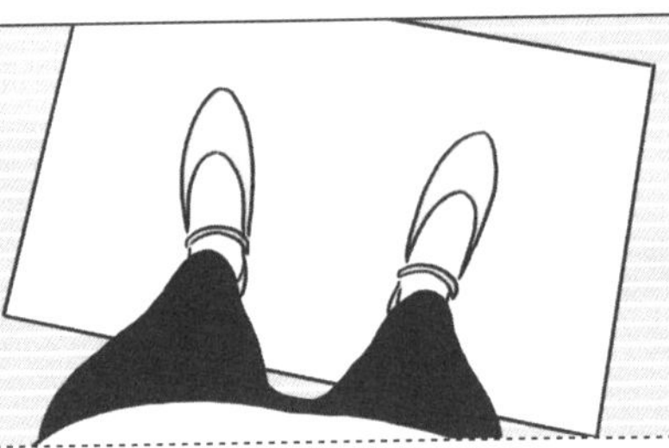

サイズはピッタリだけど
買おうかどうか迷う。
う～ん、どうしようかな…。

この靴はやめておきます

店員さんが違うものを持ってきてくれた。「こちらはどうですか？」

クェンチャヌンデヨ
괜찮은데요 !

イゴルロ　ハルケヨ
이걸로 할게요 .

いいですね！　これにします

かんたん解説　괜찮다 は「大丈夫だ」以外にも「悪くない、なかなかいい」という意味もあります。相手のセリフ：이건 어떠세요？

文法解説

「～にする！」と決めるときの (으)로 할게요

買い物や注文をするときなど、いくつかの選択肢から選ぶときの「～にする」という表現は助詞の使い方が重要です。「に」は에ではなく(으)로 を使い、〇〇(으)로 할게요 (～にします) というフレーズになります。日本語では同じ助詞「に」を使う文章でも、韓国語では違う助詞を使う場合も多いですので気をつけてくださいね。

これも言ってみよう！

☐ さっきのにします。

アッカ　コルロ　ハルケヨ
아까 걸로 할게요 .

〇〇(으)로 할게요 (〇〇にします)。걸로は것으로の話し言葉です。

☐ 黒にします。

ッカマン　ゴルロ　ハルケヨ
까만 걸로 할게요 .

까맣다は「黒い」という形容詞。「黒」を表す単語は多く、검정색、까만색、검은색、블랙 (ブラック) を使って、검정색으로 / 까만색으로 / 블랙으로 할게요でも大丈夫です。

次は靴を見てみようかな。あっ、かわいい靴を発見！

4/5

イゴルロ　イベクサムシボ　シノ　ボル　ス　イッスルカヨ
이걸로 235 신어 볼 수 있을까요？

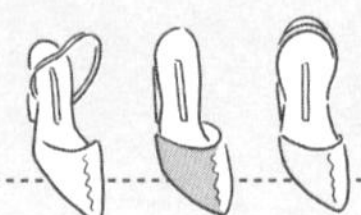

これの 23.5cm（を）試しに履いてみてもいいですか？

かんたん解説 韓国では靴のサイズを表すときに cm ではなく mm を使います。数字は漢数詞で読みましょう。235 (이백삼십오) ㎜

文法解説 **許可を求めるていねいな言い方 - ㄹ / 을 수 있을까요?**

아 / 어도 돼요? (～してもいいですか?) をよく使いますが、可能を表す - ㄹ / 을 수 있다 (～できる) を使って聞くこともできます。最後に - ㄹ / 을까요? をつけるともっとていねいな言い方になり、とくに相手に手伝ってもらわないとできないこと (例文のように、自分のサイズの靴を持ってきてもらうなど) に対して許可を求めるときに使います。「座ってもいいですか?」のように手伝ってもらう必要がない場合は앉아도 돼요? で大丈夫です。

これも言ってみよう！

☐ **履いて帰ります。**

シンコ　カルケヨ
신고 갈게요 .

買った靴を履いて帰りたいときに。洋服の場合は입고 갈게요 (着て帰ります) と言います。

☐ **注文して宅配便で受け取ることってできますか？**

チュムナゴ　テクペロ　パドゥル　ス　イッソヨ
주문하고 택배로 받을 수 있어요？

在庫がない場合などに。보내 주실 수 있어요? (送ってもらえますか) でもOK。

サイズはピッタリだけど買おうかどうか迷う。う〜ん、どうしようかな…。

4/6

イ　シンバルン　アナルケヨ
이 신발은 안 할게요 .

この靴はやめておきます

かんたん解説 選んだ中から一点はずして会計してもらいたい場合は、안 할게요でもいいですが、빼다（抜く）を使って이거 빼고 계산해 주세요とも言います。

文法解説 「やめる」はシチュエーションによって違う？

韓国語にはどんな状況でも使える「やめる」という単語がありません。「やめておく」と言いたいときは否定を表す안を使って「〜しないでおく」と言ったり、反対する言葉を使います。노래방 가고 싶은데 내일 시험이니까 안 가려고 / 참으려고 .（カラオケ行きたいけど、明日試験だからやめとく／我慢する）。

これも言ってみよう！

☐ **もう一度だけ着てみてもいいですか？**

ットハン ボンマン ド イボ ボァド ドェルカヨ
딱 한 번만 더 입어 봐도 될까요 ?

☐ **丈の調整（サイズ直し）できますか？**

スソン ドェヨ
수선 돼요 ?

サイズ直しは수선（修繕）と言います。

☐ **サイズが大きいので返品したいです。**

サイズ ガ コソ バンプムハリョゴヨ
사이즈가 커서 반품하려고요 .

-(으)려고요(〜しようと思って)は교환（交換）や반품（返品）のように目的を伝えるときによく使います。

47

買わずにお店を出ることに…。

また来ますね！

48

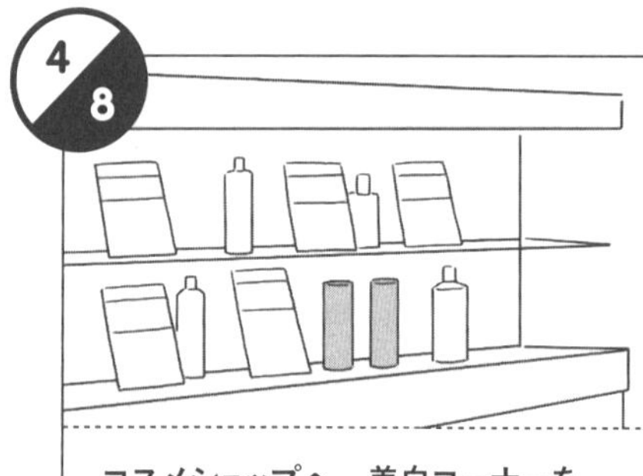

コスメショップへ。美白コーナーを
眺めていたら「美白化粧品なら
こちらがおすすめですよ」と店員さん。

どれぐらい使えば
効果がありますか？

49

テヨンと一緒にショッピング。
「これ試着してみようかな」とテヨン。

（テヨンには）ちょっと
大きいと思うよ

買わずにお店を出ることに…。

4/7

다음에(タウメ) 또(ット) 올게요(オルケヨ).

また来ますね！

かんたん解説　メッセージのやりとりや早口で言うときは、다음에を담에と言うことも。

文法解説　**-ㄹ / 을게요 の正しい使い方**

-ㄹ / 을게요 は話している相手との約束を示す言葉です。今から自分がしようと思っていることが相手に関係があるときに使います。例文は店員さんにまた来ることを "約束" しているような意味合いがあるため。「今日からダイエットします」など自分の意思を伝えるだけであれば -ㄹ / 을게요ではなく -ㄹ / 을 거예요を使います。

これも言ってみよう！

☐ もうちょっと回って来ます。

좀(チョム) 더(ド) 둘러보고(トゥルロボゴ) 올게요(オルケヨ).

デパートやショッピングモールで使えるフレーズです。둘러보다（見て回る）。

☐ （試着した場合）ありがとうございました。

감사합니다(カムサハムニダ)！ 수고하세요(スゴハセヨ).

たくさんおすすめしてもらうなど、ていねいに対応してもらった場合は店員さんに수고하세요（ご苦労さまです）と言ったりします。

コスメショップへ。美白コーナーを眺めていたら
「美白化粧品ならこちらがおすすめですよ」と店員さん。

オルマナ　ソヤ　ヒョックァ　ポルカヨ
얼마나 써야 효과 볼까요？

どれぐらい使えば効果がありますか？

かんたん解説 효과 (를) 보다（効果が見られる）。효과가 있다（効果がある）と言ってもＯＫ。相手のセリフ：미백 제품은 이게 잘 나가요 .

文法解説 -（으）면 と - 아 / 어야 の違い

どちらも「～すれば」と訳せますが少しニュアンスが違います。-（으）면は一般的な事実が成り立つための条件、- 아 / 어야は後ろに続く文が成り立つための必須条件を言います。下の文章はどちらも「１か月くらい使えば効果が出ます」という意味ですが、ニュアンスの違いがわかるかと思います。

한 달 정도 쓰면 효과 볼 수 있어요 . → 一般的にそうだという意味

한 달 정도 써야 효과 볼 수 있어요 . → そうしないとむずかしいかも、とも訳せる

これも言ってみよう！

□ **どんな化粧品を使えばしっとり肌になれますか？**

オットン　ファヂャンプムル　ッソヤ　ピブガ　チョッチョケヂョヨ
어떤 화장품을 써야 피부가 촉촉해져요？

韓国語では「しっとり肌になる」を피부가 촉촉해지다（肌が潤う）と言います。

□ **シートマスクは何が人気ですか？**

マスクペグン　ムォガ　チャル　ナガヨ
마스크팩은 뭐가 잘 나가요？

「シートマスク」は마스크팩といいます。잘 나가다は「売れている」という意味。

テヨンと一緒にショッピング。「これ試着してみようかな」とテヨン。

ノハンテヌン　チョム　クル　コル
너한테는 좀 클 걸?

(テヨンには) ちょっと大きいと思うよ

かんたん解説 「(人) に」は에게と한테どちらも使えますが、会話では한테を使う場合が多いです。相手のセリフ：이거 입어 봐야지 .

文法解説
カジュアルな会話で使う推測 - ㄹ / 을 걸?

- ㄹ / 을 걸?はカジュアルな会話で自分の予想していることを言うときの表現です。「～だと思うよ、～なんじゃない?」などと訳すことができます。タメ口会話でない場合は文章の最後に요をつけて使いましょう。

これも言ってみよう!

☐ **小さくないと思いますよ。一度着てみてください。**

アン チャグル コルリョ　ハンボン　イボ　ボセヨ
안 작을 걸요? 한번 입어 보세요.

「～してみる」と言うときは한번 (一度) を入れて言うことが多いです。

☐ **それよりこっちがよくないですか?**

クゴボダ　イゲ　ナッチ　アナヨ
그거보다 이게 낫지 않아요?

낫다 (よりいい、マシだ) 。

4/10

試着してみたテヨンに
「どう?」と聞かれた。

ちょっと派手じゃないかな…

4/11

今試着している服はテヨンに
よく似合ってる!

すごく似合うよ〜

試着してみたテヨンに「どう?」と聞かれた

4/10

チョム ノム トゥイヌン ゴッ カッキド ハゴ

좀 너무 튀는 것 같기도 하고 ...

ちょっと派手じゃないかな…

かんたん解説 相手のセリフ：어때?

文法解説 「～な気がしなくもない」を表す - 것 같기도 하고

「～のような～じゃないような、～な気がしなくもない」といったはっきり断言できないけど控えめに意見を言いたい場合は、文末に－것 같기도 하고 ... をつけます。－것 같다（～だと思う）でもいいのですが、－기도 하고をつけることで「～のような…違うような…」というニュアンスが追加されます。

これも言ってみよう！

☐ **色がちょっと暗いかな。**

セッカリ チョム オドゥウン ゴッ カッキド ハゴ

색깔이 좀 어두운 것 같기도 하고 .

어둡다（暗い）が母音に接続すると語幹が매우に変わります（ㅂ変則活用）。

☐ **もっと明るい色のほうがお似合いです。**

パルグン セギ ト チャル オウルリョヨ

밝은 색이 더 잘 어울려요 .

☐ **肌が白くてどんな色でも似合ってますね。**

ピブガ ハイェソ オットン セギドゥン ダ ソファハネヨ

피부가 하얘서 어 떤 색이든 다 소화하네요 .

소화하다（消化する）には「似合う」という意味もあります。

今試着している服はテヨンによく似合ってる！

4/11

ワンジョン　チャル　オウルリョ
완전 잘 어울려.

すごく似合うよ〜

かんたん解説 어울리다に잘がつくと잘 어울리다（よく似合う）の意味になります。

文法解説 **強調するときに使う 완전**

완전、진짜、너무、엄청、되게は「とても、すごく」を意味し、物事を強調するときに使う言葉。なかでも완전はとても大げさな言い方です。いずれも言い換えが可能なので、使い分けに気をつける必要はありませんが、フォーマルな会話では정말をよく使います。

これも言ってみよう！

☐ **〇〇さんにぴったりです！**

シハンテ　ッタギエヨ
〇〇씨한테 딱이에요！

딱（ぴったり、ちょうど）は「よく似合う、サイズが合う」と言いたいときに使います。

☐ **顔が明るく見えます。**

オルグリ　ファク　サネヨ
얼굴이 확 사네요.

色が似合って、顔が明るく見えるというときに使う決まり文句です。

「やっぱり買うのやめとく」というテヨンに。

4/12

ウェ
왜 ?!

チャル　オウルリドンデ　サヂ
잘 어울리던데 사지 !

なんでやめるのー！(笑)

かんたん解説 直訳では「よく似合っていたのになんで買わないの？(買えばよかったのに)」。相手のセリフ：아 , 그냥 안 살래 .

文法解説 **相手の行動を促すときに使う文末表現 - 지**

「〜すればよかったのに、なんでしなかったの？」のようなニュアンスで、相手がある行動をとらなかったことに対して残念だと思ったときに使う文末表現です。タメ口では - 지、- 지 그랬어、敬語で話すときは - 시지、- 시지 그랬어요という形で使います。

これも言ってみよう！

☐ **よく似合ってたのに、もったいないです。**

ノム　イェップトンデ　アッカウォヨ
너무 예쁘던데 아까워요 .

아깝다 (もったいない)。

☐ **私としてはこっちのほうが似合ってると思います。**

チェ　センガゲヌン　イゲ　ド　ナウン　ゴ　カッタヨ
제 생각에는 이게 더 나은 거 같아요 .

제 생각에는 (私が思うには)。タメ口会話では내 생각에는と言います。낫다 (よりいい、マシだ)。

☐ **お世辞ではなく本当によく似合ってます。**

コジンマル　アナゴ　チンチャ チャル オウルリョヨ
거짓말 안 하고 진짜 잘 어울려요 .

「うそ抜きで」は거짓말 안 하고と言います。

Dahee's KOREA REPORT 04

初級時代にしてしまった私の日本語ミス

「なんでもない」と「なんにもない」の違いを混同し、何度も間違えて言ったことがある。

「カエル」と言いたかったが、「帰る」と言ってしまってびっくりされた。イントネーションが大事なことに気づく。

「あの女性の方」でも「あの女の人」でもなく、「あの女」と呼んでしまった。

話し言葉に慣れていなかった頃、「なんちゃって」を「なんじゃって」だと思っていた。

日本でアルバイトをしていた頃、いろいろな用語を状況と音で覚えたせいで、どんな字なのか知らずになんとなく使っていた。数年後のある日「びひん」が「備品」だとわかってなるほど！

　以前は思い出すたびにはずかしくて忘れようとしていたのですが、「失敗は成功のもと」とも言いますし、みなさんも失敗を恐れずどうか頑張ってください！

グループ発表のシーンでは、何かをしようと提案したり、相談したいときの言い方を学びましょう。

グループ発表

5/1

メンバーに事前準備を
念押ししなきゃ!

明日忘れずに資料を
持ってきてね

5/2

まずは作業の進め方を
話し合わないと。

ここは分担してやるのはどうかな?

5/3

なかなかいい意見が
出てこなくなってきたな。

何か、もっといい方法が
ありそうなんだけど…

メンバーに事前準備を念押ししなきゃ！

5 1

ネイル イッチ マルゴ ッコク チェンギョ ワァ
내일 잊지 말고 꼭 챙겨 와 .

明日忘れずに資料を持ってきてね

かんたん解説 챙기다には「必要な物を準備しておく」という意味があります。잊지 말고 꼭（忘れずに、必ず）はよく使うので丸ごと覚えましょう。

文法解説 「～しないで」を表す 말다

말다（やめる）を使って「～しないでください」と言うときは－지 마세요、「～しないで（別の行動をとるように）」と言いたいときは－지 말고を使います。

잊지 마세요．忘れないでください。

잊지 말고 챙겨 오세요．忘れずに持ってきてください。

これも言ってみよう！

□ 何かあったら連絡ください。

ムスン イル イッスミョン ヨンラク チュセヨ
무슨 일 있으면 연락 주세요 .

この場合の「何か」は 뭔가 は使えません。무슨 일 있으면 と丸ごと覚えておきましょう。

□ 何を持って行けばいいですか？

ムォ チェンギョ ガミョン ドェヨ
뭐 챙겨 가면 돼요？

챙기다（準備する）＋가다（行く）で챙겨 가다（準備して持っていく）。

まずは作業の進め方を話し合わないと。

イ　ププヌン　ナヌォソ　ハヌン　ゲ　オットルカ

이 부분은 나눠서 하는 게 어떨까?

ここは分担してやるのはどうかな?

かんたん解説 나눠서 하다（分けてする）は분담하다（分担する）でもOKです。

文法解説 提案するときに使える -는 게 어때?

「〜するのはどう?」と相手に提案をするときは -는 게 어때? と言います。少し語尾を変えることで、-는 게 어떨까?（〜するのはどうかな?）、-는 게 어떨까 싶은데（〜するのはどうかなと思うんだけど）などいろいろな言い方ができますので、状況に合わせて使ってみてくださいね。

これも言ってみよう!

☐ まずスケジュールを組みますか?

ウソン　スケジュルプト　ッチャルカヨ

우선 스케줄부터 짤까요?

짜다（予定や計画などを立てる、組む）。

☐ 何（を）担当するか考えてみましたか?

ムォ　マトゥルチ　センガケ　ボァッソヨ

뭐 맡을지 생각해 봤어요?

맡다（預かる、受け持つ、担当する）。

なかなかいい意見が出てこなくなってきたな。

5/3

ムォンガ　ド　チョウン　パンボビ　イッスル　コッ　カッキヌン
뭔가 더 좋은 방법이 있을 것 같기는

ハンデ
한데 ...

何か、もっといい方法がありそうなんだけど…

かんたん解説 直訳では「何かもっといい方法がありそうなことはありそうだけど」。

文法解説 「〜なことは〜だけど」を表す - 기는 한데

形容詞の語幹に－기는 한데、もしくは－기는－ㄴ/은데（－の部分は同じ言葉を繰り返す）をつけると、「〜なことは〜だけど」という意味になります。そうであることを認めたり肯定しつつもすっきりしない、というニュアンスの表現です。

これも言ってみよう！

☐ 何か意見があれば気軽に言ってください．

ウイギョン　イッスシミョン　ピョナゲ　マルスメ　ヂュセヨ
의 견 있으시면 편하게 말씀해 주세요 .

의견（意見）、편하게（気軽に）。

☐ 少し休んでからにしましょうか？

チャンカン　シュィオッタ　カルカヨ
잠깐 쉬었다 갈까요？

쉬었다 가다は、少し休憩をとるときによく使う言葉です。

☐ コーヒーでも飲みながらやりましょうか？

コピラド　マシミョンソ　ハルカヨ
커피라도 마시면서 할까요？

「〜でもどう？」と言うときの「でも」は－(이)라도を使います。〜면서（〜しながら）。

解決しそうもないなぁ。
「今日はこの辺にして今度続きをやろう」ということに。

みんなで集まる日を決めない？
みんな、いつがいい？

優子に電話。
「課題やった？」と聞かれて。

まだやってないよー（泣）

ミーティングルームの予約時間が変更になったことを伝え忘れちゃった！

本当にごめん、
もっと早く言うつもりだったのに、
すっかり忘れてた！

解決しそうもないなぁ。「今日はこの辺にして今度続きをやろう」ということに。

5/4

オンジェ　モイルチ　ヂョンハルカ
언제 모일지 정할까 ?

タドゥル　オンジェ　シガン　ドェ
다들 언제 시간 돼 ?

みんなで集まる日を決めない？　みんな、いつがいい？

かんたん解説　一緒に考えて決めなければならないことがあって「〜しようか」と提案・意見をうかがう場合は – ㄹ / 을까? を使います。ていねいに言うときは – ㄹ / 을까요? と言います。정하다 (決める)。
相手のセリフ：오늘은 이 정도로 하고 다음에 이어서 하자 .

文法解説　**여러분、모두、다들… どの「みんな」が正解？**

友だち同士の会話で「みんな、何してる？（何してますか？）」「みんな、何食べたい？（何食べたいですか？）」などと意見を聞くときは다들を使うのが一般的。여러분は「みなさん！」と大勢の人に呼びかけるとき、모두は呼びかけの言葉ではなく「みんな、全員」をていねいに言うときの言葉で、日常生活ではあまり使われることはありません。다들は모두に似ていますが、よりカジュアルな言い方です。

これも言ってみよう！

☐ **あとは明日また話しましょう。**

ナモヂヌン　ネイル　ット　イヤギヘヨ
나머지는 내일 또 이야기해요 .

나머지 (あと、残り)。

☐ **その日以外ならいつでも大丈夫です。**

クナル　マルゴヌン　タ　ドェヨ
그날 말고는 다 돼요 .

この場合の되다は「時間の都合がつく」という意味です。다は「全部」という意味ですが、この場合の되다の前では「いつでも」と意訳することができます。

優子に電話。「課題やった?」と聞かれて。

5/5

アヂク　ソンド　モッ　テッソ
아직 손도 못 댔어.

まだやってないよー (泣)

かんたん解説 直訳では「手をつけることさえできていない」。손을 대다は「手をつける、とりかかる」という意味で、손 (을) 도 못 대다 (まだ始めることすらできていない) になります。相手のセリフ:과제 했어?

文法解説 「〜すらできていない」を表す -도 못+動詞

「〜すら」は도 (〜も) を使って、-도 못+動詞 (〜すらできていない) のように使えます。
아직 시작도 못 했어요. まだスタートすらできていません。
바빠서 쉬기는 커녕 정시퇴근도 못하고 있어요. 忙しくて休みどころか、定時退社すらできていません。

これも言ってみよう!

□ まだまだ終りが見えないです。

ヘド　ヘド　ックチ　アン　ポヨヨ
해도 해도 끝이 안 보여요.

해도 해도は「いくら〜しても」を強調する言葉。해도 해도 끝이 없다 (キリがない)。

□ 何からすればいいかわかりません。

モォプト　ソン　デヤ　ハルチ　モルゲッソヨ
뭐부터 손 대야 할지 모르겠어요.

□ いつ終わるんだろう…。

オンジェ　タ　ハヂ
언제 다하지…

「先が長い」という状況でよく使う表現です。다하다 (終わる)。

ミーティングルームの予約時間が変更になったことを伝え忘れちゃった！

5/6

チンチャ ミアン
진짜 미안！

ミリ マランダヌン ゲ ッカマケ イッコ
미리 말한다는 게… 까맣게 잊고

イッソッソ
있었어！

本当にごめん、もっと早く言うつもりだったのに、すっかり忘れてた！

かんたん解説 까맣게 잊고 있다は「すっかり忘れている」という決まり文句です。

文法解説 「〜するつもりだったのに」を表す -ㄴ/는다는 게

「〜するつもりだったのに」は -ㄴ/는다는 게という表現を使います。-ㄴ/는다는 게のあとは「忘れていた」という文章が続くことが多く、次のように使います。

말한다는 게 깜박했어. 伝えるつもりだったのにうっかりした。

예약한다는 게 깜박 잊고 있었어. 予約しようと思ったけどうっかり忘れてた。

전화한다는 게 까맣게 잊고 있었어. 電話しようと思ってたけどすっかり忘れてた。

これも言ってみよう！

☐ **私ったら…完全に抜けてました！**

ネ チョンシン チョム ボァ カンパケッソヨ
내 정신 좀 봐！ 깜빡했어요.

내 정신 좀 봐は、バタバタして大事なことを忘れている自分に向けて「やだ、私ったら…」という決まり文句です。

☐ **みんなに迷惑かけて申し訳ないです。**

ペ ッキチョソ チェソンヘヨ
폐 끼쳐서 죄송해요.

폐(를) 끼치다(迷惑をかける)。

5 7
担当したパートを
やってこなかった相手に。
どんなに忙しくても、
やらなきゃでしょ!
5 8
今日中に進行状況をみんなで
シェアすることに。
カカオじゃなくて、
メールで送ってくれる?
5 9
그럼 수요일 7시까지
부탁해!
음 알겠어
메일 보냈어?
「メールまだかな?」と
催促された。
ちょうど今、
送ろうとしていたところ

担当したパートをやってこなかった相手に。

5/7

アンマン　パップドラド　ハル　コン　ヘヤヂ
암만 바쁘더라도 할 건 해야지！

どんなに忙しくても、やらなきゃでしょ！

かんたん解説 할 건 해야지は「やるべきことはやらなきゃでしょ」という決まり文句。

文法解説 「〜だとしても」を表す - 더라도

「仮に〜としても」と言いたいときは－더라도を使います。動詞、形容詞の場合はパッチムのあるなしにかかわらず語幹に接続します。名詞の場合はパッチムがあれば－이더라도、なければ－더라도をつけます。

これも言ってみよう！

☐ **もう時間ないのにどうしよう。**

イジェ　ナムン　シガンド　ピョルロ　オムヌンデ　オットカヂ
이제 남은 시간도 별로 없는데 어떡하지 …

남은 시간（残り時間）。

☐ **どうしても外せない用事があって…（できなかった場合）。**

ピハジ　モッタル　サヂョンイ　センギョソ
피하지 못할 사정이 생겨서 .

피하지 못하다（避けられない）を略して피치 못하다と言います。「どうしても外せない事情」と言うときに피치 못할 사정とよく言います。

☐ **本当にごめんなさい！ 寝落ちしちゃったみたいです。**

チンチャ　ミアネヨ　チョド　モルゲ　チャムドゥロンナ　ボァヨ
진 짜 미안해요！ 저도 모르게 잠들었나 봐요 .

저도 모르게は「自分も気づかないうちに、つい」という意味です。

今日中に進行状況をみんなでシェアすることに。

トク　マルゴ　メイルロ　ポネ　チュルレ

톡 말고 메일로 보내 줄래？

カカオじゃなくて、メールで送ってくれる?

かんたん解説　「メールで」のように手段を表す助詞「で」は －(으) 로を使います。톡は KakaoTalk の略語です。

文法解説　意向を聞く - ㄹ / 을래? と - ㄹ / 을까? の違い

相手の意向を聞くときの表現は－ㄹ / 을래? －ㄹ / 을까? (94ページ参照) などがあります。－ㄹ / 을까? が自分と一緒に行う行動について相手の意向をうかがうのに対し、－ㄹ / 을래? は - ㄹ / 을까? の使い方も含めて、相手が行う行動に対して提案するようなニュアンスで使う場合もあります。

これも言ってみよう!

☐ **何時頃がいいでしょうか?**

ミョッ　シッチュミ　チョウルカヨ

몇 시쯤이 좋을까요？

쯤は「くらい、ほど、頃」などのように程度を表します。

☐ **ワードで送ればいいんですよね?**

ウォドゥ　パイルロ　ポネミョン　ドェヂョ

워드 파일로 보내면 되죠？

再確認するときの「～ですよね」は지요? をつけます。会話では短く죠? と言います。

5/9

チグム　マク　ポネリョドン　チャミオッソ
지금 막 보내려던 참이었어 .

ちょうど今、送ろうとしていたところ

かんたん解説　막は「ちょうど」という意味。相手のセリフ:메일 보냈어?

文法解説　**「〜しようとしていたところ」を表す 막 - 려던 참이다**

막 – 려던 참이다には「〜しようとしていた」という意味があります。– 려던は – 려고 하다 (〜しようとする) に過去時制の던を合わせた形。막をつけると「ちょうど今」と強調することができます。

これも言ってみよう!

☐ **7時までに間に合わないかもしれません。**

イルゴプシッカヂ　モッ　ポネル　コ　カタヨ
일곱시까지 못 보낼 거 같아요 .

韓国語には「間に合う」と同じ意味の言葉がないため、状況を具体的に伝えます。直訳では「7 時までに送れそうにないです」。

☐ **明日の午前中には送れそうです。**

ネイル　オヂョンチュンウロヌン　ポネル　ス　イッスル　コ　カタヨ
내일 오전중으로는 보낼 수 있을 거 같아요 .

보낼 수 있다 (送ることができる) + – ㄹ / 을 것 같다 (〜そうだ) で「送れそう」。

☐ **えっ、メール届いてないですか?**

メイル　アン　カッソヨ
메일 안 갔어요 ?

メールを送った側は메일 (이) 가다 (メールが送られる)、受け取る側は메일 (이) 오다 (メールが届く) と言います。

Dahee's KOREA REPORT

05

私の地元、大邱を紹介します！

私は生まれてからずっと、大邱という街に住んでいます。ソウル、釜山に続く第三の都市とも呼ばれています。でもそのわりにはとくに何もなくてあまり誇りに思えなかったのですが、ここ数年は地方旅行に行きたいという人たちに積極的にアピールしていて、少しずつ大邱を訪れる人も増えているようです。

繁華街と言えるような場所は多くはないですが、最近雰囲気のいいカフェがたくさんできていて、穴場が増えてきています。ソウルより物価が安いので、カフェ巡りが好きな人におすすめです！　地下鉄は3路線あって、地方にしては交通の便がよいほうだと思います。

盆地なので、夏は暑くて冬は寒いです。とくに夏は韓国で一番暑いと言われていて、대프리카（デプリカ＝テグ+アフリカ）と呼ばれています。

華やかな観光を楽しむというより、現地の人たちの生活が味わえる旅行がしてみたいという人には楽しんでもらえる街だと思います。ぜひ大邱に足を運んでみてください。

TRACK 06

ワーキングホリデービザは取得済！　人気のコスメブランドでアルバイトをしてみましょう。確認、相談するときの表現などを紹介します。

アルバイト

6-1
みんな忙しそう…。
何かお手伝いできることは
ありますか？
6-2
수분촉촉토너
今月発売する予定の
新商品が会社に到着。
これ、日本でも人気が出そうです
6-3
頼んだ仕事は「終わった？」
と聞かれて。
すみません。全部終わるまでに
もう（あと）30分ぐらい
かかりそうです

みんな忙しそう…。

6/1

ホクシ　チェガ　トウル　リル　イッスルカヨ
혹시 제가 도울 일 있을까요？

何かお手伝いできることはありますか？

かんたん解説 제가 도울 일 있으면 시켜 주세요（私にお手伝いできる仕事があればご指示ください）と言うこともできます。

文法解説 돕다（手伝う）の不規則変化

덥다（暑い）、어렵다（むずかしい）のように、語幹の最後にㅂパッチムがある場合、下のようなㅂ変則活用になります（아 / 어、으が接続すると語幹のㅂがとれ、우が足される）。
덥다 + 아 / 어요 → 더 + 우 + 어요＝더워요（暑いです）
어렵다 + 아 / 어요 → 어려 + 우 + 어요＝어려워요（むずかしいです）
ただし例外があります。돕다（手伝う） に아 / 어がつく場合、ほかのㅂパッチムの単語と違って、우＋어で워になるのではなく、와になります。
돕다 + 아요 = 도와요（手伝います）

これも言ってみよう！

☐ **かしこまりました。**

アルゲッスムニダ
알겠습니다 .

お客さんや上司に向けて言うときは알겠어요 , 알았어요（わかりました）ではなく、알겠습니다（かしこまりました、承知いたしました）と言います。

☐ **お疲れさまでした。**

スゴハショッスムニダ
수고하셨습니다 .

まだ仕事が残っている人には수고하세요、仕事上がりの人には수고하셨습니다と言います。

今月発売する予定の新商品が会社に到着。

6/2

イゴ　イルボネソド　パヌン　チョッケンヌンデヨ
이거 일본에서도 반응 좋겠는데요?

これ、日本でも人気がでそうです

かんたん解説 반응(이) 좋다は「好評だ、人気だ」。直訳すると「反応がいい」。

文法解説 感想を言うときの -데요 は語尾を上げて

-데요は「～ですが」という逆説の意味で知られていますが、じつは感想を伝えるときにも使えます。その際は語尾を上げるのがポイント。「おいしいですね」と伝えたいときに語尾を上げずに맛있는데요と言うと、「おいしいんですけど、ただ…」のように逆説の意味になりますので、気をつけましょう。

これも言ってみよう！

□ **女性客に人気が出そうですね。**

ヨソン　コゲクプンドゥル　パヌン　キデヘド　チョウル　コッ　カタヨ
여성 고객분들 반응 기대해도 좋을 것 같아요.

반응は「反応」、기대は「期待」という漢字語です。

□ **発売日が楽しみですね。**

チュルシイリ　キダリョヂネヨ
출시일이 기다려지네요.

「発売」を意味する単語は발매、출시（漢字語の「出市」）、どちらもよく使います。

□ **それはリスクがありそうです。**

クゴン　リスクガ　クル　コッ　カッスムニダ
그건 리스크가 클 것 같습니다.

直訳では「リスクが大きそうですね」。

頼んだ仕事は「終わった？」と聞かれて。

6
3

チェソンハムニダ
죄송합니다.

タハリョミョン　サムシプ　プン　チョンド　ド　コルリル　コッ
다하려면 30 분 정도 더 걸릴 것

カタヨ
같아요.

すみません。全部終わるまでにもう（あと）30分ぐらいかかりそうです

かんたん解説 「（時間が）かかる」は걸리다、「（お金が）かかる」は들다を使います。
相手のセリフ：다했어？

文法解説 **「～し終わる」に使える 다**

다하다は「できあがる、終わる」という意味です。하다（する）以外でも、動詞の前に「全部」を意味する다をつけて다+動詞の形にすると、「～し終わる」という言い方ができます。
다 먹다（食べ終わる）、다 쓰다（書き終わる）、다 읽다（読み終わる）。

これも言ってみよう！

☐ もう少しで終わります。

イジェ　タヘ　ガヨ
이제 다해 가요.

다해 가다（もう少しでできあがる）。

☐ 急ぎですか？

クッパン　コイェヨ
급한 거예요？

급하다（急だ、急いでいる）。

検品作業をしていたら、
「こうしたほうが早いよ」
とアドバイスしてくれた。

ありがとうございます。
あらかじめ聞けばよかったのに

念のため、もう一度
確認しよう。

ここに明日までに送れ、
ということですね？

発送作業を間違えてしまった！

すみません。住所を間違って
書いてしまってもう一度確認中です

検品作業をしていたら、「こうしたほうが早いよ」とアドバイスしてくれた。

6/4

カムサハムニダ
감사합니다！

チンヂャゲ　ヨッチュオ　ボァッソヤ　ヘンヌンデ
진작에 여쭤 봤어야 했는데．

ありがとうございます。あらかじめ聞けばよかったのに

かんたん解説　진작에は「もう少し早く、前もって、最初に」を意味します。여쭈다は묻다（たずねる）の敬語表現です。相手のセリフ：이렇게 하는 게 더 빨라．

文法解説　「～するべきだった」を表す -아 / 어야 했다

-아 / 어야 하다（～しなければならない）を過去形にすると、-아 / 어야 했다（～するべきだった）という後悔の意味で使うことができます。後悔を表す表現に -ㄹ / 을 걸 그랬다（～すればよかった）もありますが、これは後悔はするけどたいしたことじゃない場合にカジュアルな会話で使います。もう少しこうするべきだったと、そうすることができなかったことに対してかなり後悔する場合は -아 / 어야 했다を使いましょう。

これも言ってみよう！

☐ メモしておきます。

メモヘ　ドゥゲッスムニダ
메모해 두겠습니다．

動詞に -아 / 어 두다をつけると「～しておく」という意味になります。

☐ ほんとですね！　こんなに簡単にできるなんて。

チョンマリネヨ　イロン　シュィウン　パンボビ　イッソッタニ
정말이네요！ 이런 쉬운 방법이 있었다니．

直訳では「こんなに簡単な方法があったなんて」。

念のため、もう一度確認しよう。

6/5

ネイルッカヂ　ポネラヌン　マルスミシジョ

내일까지 보내라는 말씀이시죠？

ここに明日までに送れ、ということですね？

かんたん解説 말씀は말（言葉、話）の敬語表現です。

文法解説 間接話法 -(으) 라고 하다 の活用

相手に確認をするときなど「〜するように、ということですか？」と言いたい場合は、-(으)라고 하는（〜するように、という）を短くした -(으) 라는を使います。カジュアルな会話では -(으) 라는 말이죠？　フォーマルな会話では -(으) 라는 말씀이시죠？　になると覚えておきましょう。会話で使う「〜しなさい」という命令の語尾は -아 / 어라で、間接話法の場合は -(으) 라ですので、形の違いに気をつけましょう。

これも言ってみよう！

☐ **明日までですよね？**

ネイルッカヂ　マッチョ

내일까지 맞죠？

直訳では「明日まで（で）合っていますよね」。맞죠は 맞지요？を短くした形。

☐ **これで最後ですか？**

イゲ　クッチンガヨ

이게 끝인가요？

이게は이것이（これが）を略した話し言葉です。

6/6

チェソンハムニダ
죄송합니다 .

ヂュソルル チャルモッ ッソソ タシ ファギンチュンイエヨ
주소를 잘못 써서 다시 확인중이에요 .

すみません。住所を間違って書いてしまってもう一度確認中です

かんたん解説 日本語と同じく名詞のあとに중（中）をつけて、「～中」と言うことができます。확인중（確認中）、공부중（勉強中）、생각중（考え中）。

文法解説 **「やり直す」を表す 다시～**

다시には「やり直す」という意味があり、動詞の前に다시をつけて「～し直す」という意味で使うこともできます。（전화를）다시 걸다（電話をかけ直す）、다시 만들다（作り直す）、다시 보다（見直す）。「やり直す」以外にも「また、あらためて」と訳すこともできます。

これも言ってみよう！

☐ **ミスばかりで本当にすみません。**

シルスマン ヘソ チョンマル チェソンハムニダ
실수만 해서 정말 죄송합니다 .

○○만 하다（○○ばかりする）。

☐ **できるだけ早く終わらせます。**

チェデハン ッパルリ ックンネゲッスムニダ
최대한 빨리 끝내겠습니다 .

「できるだけ」は최대한（最大限）のほかに가능한 한（可能な限り）、되도록（なるべく）もよく使います。

6/7
会社の人に「まだ帰って
なかったの?」と言われて。
ちょうど帰ろうと
思っていたところです
6/8
「ごはんでも食べて帰る?」
と誘われた。けど…。
今日はお先に失礼します。
明日試験があるんですよ
6/9
アルバイトの休憩時間に
雑談。近況を話す。
週末もあれこれやることが
多くて忙しいんです～

会社の人に「まだ帰ってなかったの？」と言われて。

6/7

イヂェ　スルスル　カリョゴヨ
이제 슬슬 가려고요 .

ちょうど帰ろうと思っていたところです

かんたん解説　相手のセリフ：아직 있었어？ もしくは아직 집에 안 갔어？ でも。

文法解説　**「帰る」は韓国語で？**

学校や仕事が終わって、友だちと別れて、「家に帰る」というときの「帰る」はシンプルに（집에）가다を使う場合が多いです。「帰る」という意味を持つ単語はほかにも돌아가다や들어가다がありますが、돌아가다の使い方に注意しましょう。돌아가다は「遠くから元の場所へ戻る」という意味で、長い海外生活だったり、実家に戻って生活するという状況で使います。もう一方の들어가다は、（집에）가다とほぼ同じように使うことができます。

これも言ってみよう！

☐ **チーム長も早く帰ってゆっくり休んでください。**

ティムヂャンニムド　オルルン　トゥロガソ　シュィショヤヂョ
팀장님도 얼른 들어가서 쉬셔야죠 .

相手の行動を促すときの「早く」は얼른、어서を使います。

☐ **もうこんな時間ですか！**

ボルソ　シガニ　イロケ　ドェッソヨ
벌써 시간이 이렇게 됐어요 ?

「こんな時間」を이런 시간と訳さないように注意！

「ごはんでも食べて帰る?」と誘われた。けど…。

6/8

オヌルン　モンヂョ　シルレハゲッスムニダ
오늘은 먼저 실례하겠습니다.

ネイル　シホムル　ポゴドゥンニョ
내일 시험을 보거든요.

今日はお先に失礼します。明日試験があるんですよ

かんたん解説 내일 시험이라서요（明日試験なんです）と言ってもOKです。
相手のセリフ：저녁이라도 먹고 갈래?

文法解説 「〜なんですよ」を表す - 거든요

-거든요はさまざまな使い方をする文末表現です。とくに相手が知らない情報を言うときの「〜なんですよ」というニュアンスで使うことが多く、어제 백화점에 갔거든요（昨日デパートに行ったらですね…）のように、話が続くときに使います。ただし、理由として言う場合は話が続かなくてもOK。たとえば「体調悪そうだね」と聞かれて、감기 걸렸거든요（風邪引いたんです）と理由を答えるときのような場合です。

これも言ってみよう!

☐ **明日試験なのに勉強できてなくてヤバいんです。**

シホミ　ネイリンデ　コンブルル　モッ　テソ　クニリエヨ
시험이 내일인데 공부를 못 해서 큰일이에요.

큰일이다（大変だ、ヤバい）。

☐ **すみませんが、体調がすぐれないので今日は帰ります。**

チョソンハヂマン　オヌルン　モミ　アン　ヂョアソ　モンヂョ　カ　ポゲッスムニダ
죄송하지만, 오늘은 몸이 안 좋아서 먼저 가 보겠습니다.

몸이 안 좋다（体がよくない）は体の具合がよくないときの決まり文句です。

アルバイトの休憩時間に雑談。近況を話す。

6/9

チュマレド イゴッチョゴッ ハル リリ マナソ
주말에도 이것저것 할 일이 많아서

ヂョンシニ オプソヨ
정신이 없어요 .

週末もあれこれやることが多くて忙しいんです〜

かんたん解説 「いろいろと、たくさん、あれこれ」は이것저것と言います。

文法解説 「忙しくてバタバタしている」は韓国語で？

「忙しくてバタバタする」は韓国語で정신이 없다と言います。直訳したら「精神がない」になりますが、精神的に余裕がないといった感じで覚えるとよいでしょう。정신이 없다はうるさい音や周りが片づいていなくて「集中できない」という意味で使うこともあります。

これも言ってみよう！

☐ **このあと、空いてますか？**

イル ックンナゴ シガン ドェセヨ
일 끝나고 시간 되세요？

仕事が終わってから、時間ありますか？という意味です。

☐ **今日このあと飲みに行きませんか？**

オヌル イル ックンナゴ ハンヂャンハルレヨ
오늘 일 끝나고 한잔할래요？

한잔하다（一杯やる、お酒を飲む)。한잔하실래요？、한잔 어떠세요？と言うと、よりていねいな言い方になります。

Dahee's KOREA REPORT 06

大邱の方言を紹介します！

日本では韓国人ルームメイトと一緒に住んでいて、ルームメイトは標準語を使っていました。

みかんを一緒に食べていたある日のこと。みかんが少し酸っぱかったので「쌔그럽다」と言ってしまったのです。何を言っているのかわからないという表情で私を見たのですぐ気づきましたが、まさか「쌔그럽다」が大邱の方言だとは知りませんでした。私は高校を卒業したばかりで、それまであまりほかの地域の方と話す機会がなかったのです。ちなみに、「酸っぱい」は標準語で「시다」と言います。

大邱弁のほとんどは語尾やイントネーションが標準語と違うだけで、「쌔그럽다」のように言葉自体が違う単語はまれです。

大邱弁で話しているとほかの地方の人から「怒ってる?」「あの人たちケンカしてるよね?」と言われることはよくあります。大邱弁は文章の最初にアクセントがあり、語尾は音が下がることが多いので、不機嫌に聞こえるということは大邱出身者として認めざるを得ない事実というか（笑）、方言ってそういう違いがあってこそおもしろいですよね。

TRACK 07

ソウルといえばおしゃれなカフェ！　メニュー選びからおいしさの表現まで、現地にいるような気分で楽しみながら覚えましょう。

人気のカフェで

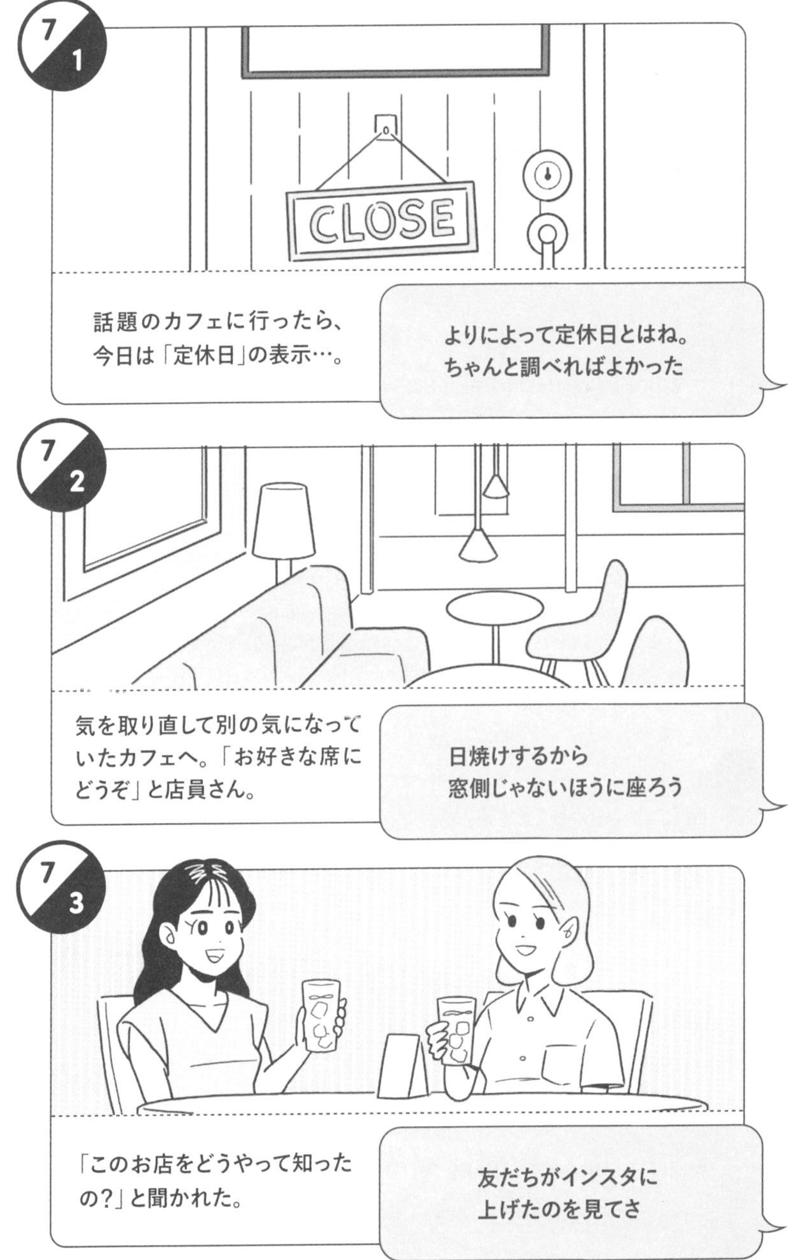
7/1
CLOSE
話題のカフェに行ったら、
今日は「定休日」の表示…。
よりによって定休日とはね。
ちゃんと調べればよかった
7/2
気を取り直して別の気になって
いたカフェへ。「お好きな席に
どうぞ」と店員さん。
日焼けするから
窓側じゃないほうに座ろう
7/3
「このお店をどうやって知った
の?」と聞かれた。
友だちがインスタに
上げたのを見てさ

話題のカフェに行ったら、今日は「定休日」の表示…。

7/1

ハピル　オヌリ　ヒュムラニ
하필 오늘이 휴무라니 .

ミリ　アラボル　コル
미리 알아볼 걸 .

CLOSE

よりによって定休日とはね。ちゃんと調べればよかった

かんたん解説　定休日は정기 휴무 (定期休務)、휴무 (休務)。쉬는 날 (休み) でも。

文法解説　「よりによって」を表す 하필 / 하필이면

「よりによって」は韓国語で하필 / 하필이면と言います。- 다니 / - 라니 (〜だなんて) と一緒に使うと「よりによって〜だなんて」と言うことができるので、セットで覚えておきましょう。「〜だなんて」の部分が動詞と形容詞の場合は - 다니、名詞の場合は - 라니になります。

これも言ってみよう！

☐ **(電話で) 今日やってますか？**

オヌル　ヨンオプ　ヘヨ
오늘 (영업) 해요 ?

영업 (営業) は省略できます。

☐ **どのくらい待ちますか？**

オルマナ　キダリョヤ　ドェヨ
얼마나 기다려야 돼요 ?

- 아 / 어야 되다 (〜しなければならない)。

☐ **ブレークタイムは何時から何時までですか？**

ブレイク　タイムン　ミョッ　シブト　ミョッ　シッカヂイェヨ
브레이크 타임은 몇 시부터 몇 시까지예요 ?

「〜時から」は부터を使います。出発地 (地点)「〜から」の場合は에서を使います。

気を取り直して別の気になっていたカフェへ。
「お好きな席にどうぞ」と店員さん。

チャンカ　チャリヌン　ピブ　タニカ　タルン　デ
창가 자리는 피부 타니까 다른 데
アンチャ
앉자 .

日焼けするから窓側じゃないほうに座ろう

かんたん解説　直訳では「窓際の席(창가 자리)は日焼けするから違うところに座ろう」。창가の가が濃音になるので[창까]と発音します。
相手のセリフ：편하신 자리에 앉으세요 .

文法解説

「日焼けする」は韓国語で？

「日焼けする」は韓国語で피부가 타다(肌が焼ける)と表します。日本語は「日焼け」「二度寝」「バイト探し」など名詞の形が多いのですが、韓国語で話すときはできるだけ動詞を使って表現したほうが通じやすいでしょう。ちなみに「日焼け止め」は선크림(サンクリーム)、자외선 차단제(紫外線遮断剤)と言います。

これも言ってみよう！

□ どこでもいいです。

アム　チャリナ　クェンチャナヨ
아무 자리나 괜찮아요 .

とくにこだわりがない場合、아무○○나という言い方をします。아무나(誰でも)、아무거나(何でも)、아무데나(どこでも)。

□ 日差しが入るところがいいです。

ヘッピッ チャル トゥロオヌン デ アンコ シポヨ
햇빛 잘 들어오는 데 앉고 싶어요 .

햇빛이 들다(日差しが入る)。햇빛 잘 드는 데 앉고 싶어요でもOK。この場合、들다はㄹパッチムが脱落して드는に(ㄹ変則活用)。

「このお店をどうやって知ったの？」と聞かれた。

7/3

チングガ　インスタグレメ　オルリン　コ　ポゴ

친구가 인스타그램에 올린 거 보고 .

友だちがインスタに上げたのを見てさ

かんたん解説　文末の「見て知ったよ」を省略せずに言うと친구가 인스타그램에 올린 거 보고 알았어 . 相手のセリフ：이 가게 어떻게 알았어?

文法解説　**「ネットに上げる」は韓国語で？**

会話で「アップロードする、投稿する」という場合、올리다（上げる）を使うのが一般的。투고하다（投稿する）はあまり使われていません。ちなみに、ネットに上げる記事のことを韓国では글と言います。글을 올리다（記事を上げる、投稿する）も覚えておきましょう。

これも言ってみよう！

☐ **友だちから聞きました。**

チングハンテ　トゥロッソヨ

친구한테 들었어요 .

誰「から」は한테서、한테 どちらも使えます。

☐ **テレビでたまたま見ました。**

ティビエソ　ウヨニ　ポァッソヨ

티비에서 우연히 봤어요 .

우연히（たまたま、偶然に）。

☐ **有名な俳優が番組で話していたのを聞きました。**

ユミョンハン　ペウガ　パンソンエソ　イヤギハヌン　ゴ　トゥロッソヨ

유명한 배우가 방송에서 이야기하는 거 들었어요 .

유명하다（有名だ）の하다は動詞の하다（する）ではないので、形容詞の連体形 - ㄴ / 은をつけて유명한（有名な）になります。유명하는ではないので注意しましょう。

7/4
「何が有名なの？」と
聞かれて…。
「チーズケーキがおいしい」と
聞いたよ
7/5
Cake
Parfait
メニューを見てみよう。
あ、文字ばっかり…。
メニューに写真があったら
選びやすかったのにな
7/6
Wi-Fi あるかな…。
店員さんに聞いてみよう。
すみません、
Wi-Fi のパスワードって…？

「何が有名なの？」と友人に聞かれて…。

7/4

チヂュケイクガ　マシッタドラ
치즈케이크가 맛있다더라 .

「チーズケーキがおいしい」と聞いたよ

かんたん解説　相手のセリフ：여긴 뭐가 유명해?

文法解説　**聞いた話を言うときの - 다더라**

- 더라（～だったんだよ）は自分が経験したことを伝える表現ですが、間接話法 - 다고 하다（～という）を接続すると - 다고 하더라という形になり「～と言う、～らしいよ、～だそうだよ」と言うことができます。- 다고 하더라は会話では短く省略され、- 다더라と言うことも多いです。

これも言ってみよう！

☐ **甘いもの好きですか？**

タン ゴ チョアヘヨ
단 거 좋아해요?

달다（甘い）が連体形 - ㄴ / 은に接続すると단になります（ㄹ変則活用）。

☐ **全部おいしそう。**

タ マシッソ ボヨヨ
다 맛있어 보여요 .

独り言で맛있겠다！（おいしそう！）とよく言いますが、ていねいに話す場合は맛있겠어요（おいしそうです）より、맛있어 보여요（おいしそうに見えます）をよく使います。

☐ **このケーキ、インスタでよく見かけました。**

イ ケイク インスタエソ チャヂュ ボァッソヨ
이 케이크 인스타에서 자주 봤어요 .

「よく」には자주（頻度：頻繁に）と잘（能力：上手に）があるので使い分けを。

メニューを見てみよう。あ、文字ばっかり…。

メニュエ　サヂニ　イッスミョン　ド　コルギ
메뉴에 사진이 있으면 더 고르기

チョウル　テンデ
좋을 텐데 .

メニューに写真があったら選びやすかったのにな

かんたん解説 －기 좋다は「～するのにいい、便利」という意味です。

文法解説 「～のに、だろうに」を表す - 텐데

텐데には「～のに、だろうに、～はずなのに」という意味があり、－ㄹ / 을 텐데（～のに / だろうに）、－았 / 었을 텐데（～したのに / しただろうに / だったのに / だっただろうに）という形で使います。

비가 안 왔으면 더 좋았을 텐데 . 雨が降らなかったらもっとよかったのに。

これも言ってみよう！

□ **これかこれで迷う～**

トゥル　チュンエ　ムォ　シキルチ　コミンドェヨ
둘 중에 뭐 시킬지 고민돼요 .

複数の選択肢から選ぶ場合は、둘 중에（2つのうち）、셋 중에（3つのうち）と言います。

□ **二人では食べきれませんよ。**

トゥリソヌン　タ　モン　モゴヨ
둘이서는 다 못 먹어요 .

다 못＋動詞（～しきれない）。動詞の過去形だと「～しきれなかった」となります。

□ **新メニューも気になりますね。**

セロ　ナオン　ゴド　モゴ　ポゴ　シポヨ
새로 나온 거도 먹어 보고 싶어요 .

새로 나온 거は直訳すると「新しく出たもの」。会話では 신메뉴（新メニュー）よりこの言い方が一般的。

Wi-Fi あるかな…。店員さんに聞いてみよう。

チョギ　ホクシ　ウァイパイ　ピミルボノガ
저기 혹시 와이파이 비밀번호가

オットケ　ドェヨ
어떻게 돼요 ?

すみません、Wi-Fi のパスワードって…?

かんたん解説 暗証番号、パスワードは비밀번호(秘密番号)。短くして비번とも言います。

文法解説 **便利な言葉 어떻게 돼요？ の使い方**

어떻게 돼요？ は一言で訳せない言葉ですが、知りたい情報をていねいな言い方でたずねることができる便利なフレーズです。さまざまな場面で使えます。

가격이 어떻게 돼요？＝얼마예요？ いくらですか？

카페 주소가 어떻게 돼요？＝카페 주소가 뭐예요？ カフェの住所はなんですか？

위치가 어떻게 돼요？＝어디에 있어요？ どこにありますか？

これも言ってみよう!

☐ **この (ID) 中のどれですか？　多すぎて見つからなくて…**

イ　ヂュンエ　ムォイェヨ
이 중에 뭐예요 ?

- 중에 (～の中)。

☐ **うまく繋がらないです。**

ヨンギョリ　チャル　アン　ドェヨ
연결이 잘 안 돼요 .

연결이 되다 (繋がる)。

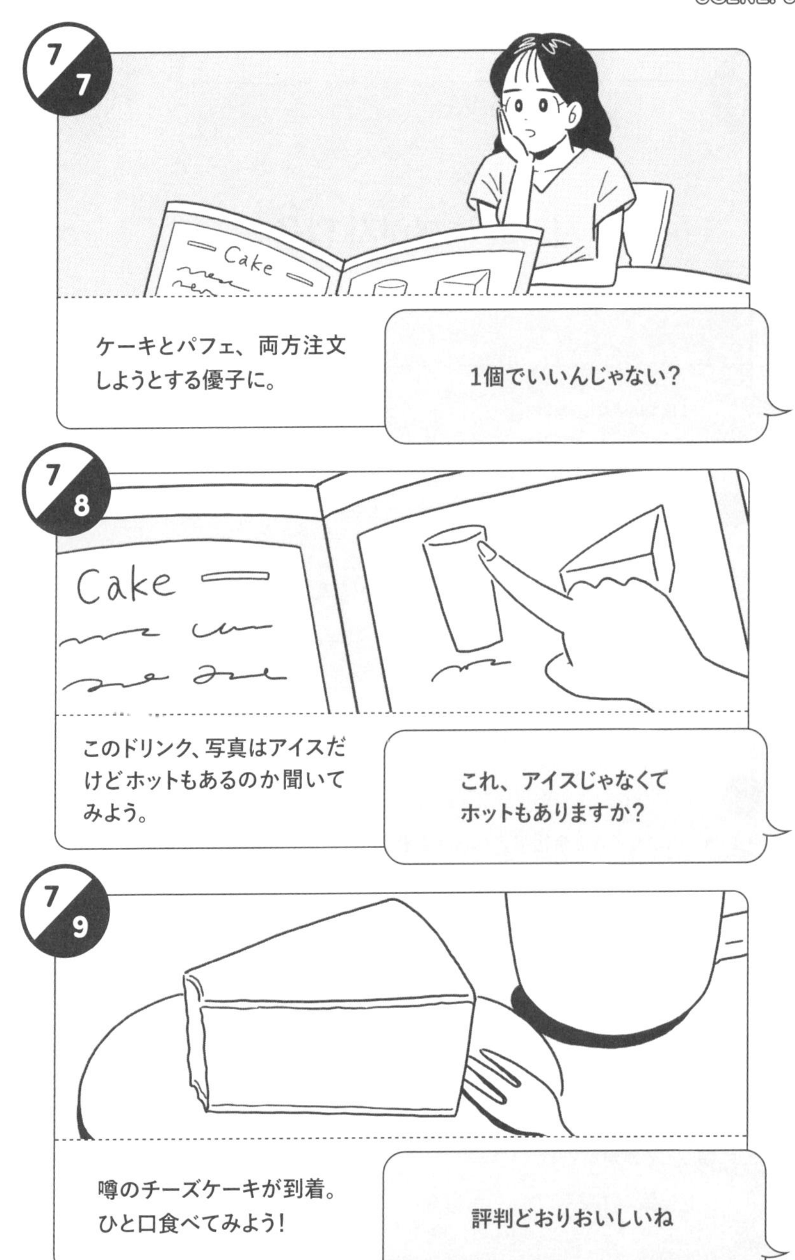
7/7
Cake
ケーキとパフェ、両方注文しようとする優子に。
1個でいいんじゃない？
7/8
Cake
このドリンク、写真はアイスだけどホットもあるのか聞いてみよう。
これ、アイスじゃなくてホットもありますか？
7/9
噂のチーズケーキが到着。ひと口食べてみよう！
評判どおりおいしいね

ケーキとパフェ、両方注文しようとする優子に。

7/7

ハナマン　シキョド　チュンブナジ　アヌルカ
하나만 시켜도 충분하지 않을까？

1個でいいんじゃない？

かんたん解説 直訳では「1個だけ注文しても十分じゃない?」。

文法解説 **「〜じゃない?」と控えめに意見する - 지 않을까?**

これから起きることに対して予想できることを「〜じゃないかな?、〜じゃないかと思う」と控えめに言いたいときは - 지 않을까? を使います。

これも言ってみよう！

☐ **ケーキ2つくらい余裕で食べられますよ。**

ケイク　トゥ　ゲ　ヂョンドヌン　コットゥナゲ　モㇰチョ
케이크 두 개 정도는 거뜬하게 먹죠 .

거뜬하다（簡単だ、余裕だ）という形容詞に게をつけると거뜬하게（簡単に、余裕で）という副詞に。

☐ **さすがに 1 個は足りないんじゃないですか？**

ハン　ゲヌン　モヂャラヂ　アヌルカヨ
한 개는 모자라지 않을까요 ?

「さすがに」に当たる韓国語は당연히（当たり前に）、아무리 그래도（いくらなんでも）などがありますが、あえて訳さなくてもいい言葉です。

☐ **頼みすぎたかな？**

ノム　マニ　シキョンナ
너무 많이 시켰나 ?

「〇〇すぎる」の〇〇が形容詞なら너무ですが、動詞なら너무 많이をつけます。

このドリンク、写真はアイスだけどホットもあるのか聞いてみよう。

イゴ　アイス　マルゴ　ッタットゥタン　ゴド
이거 아이스 말고 따뜻한 거도

イッソヨ
있어요 ?

これ、アイスじゃなくてホットもありますか?

かんたん解説 「ホット」は따뜻한 거（温かいもの）、「アイス」は아이스のほかに、차가운 거（冷たいもの）も使います。

文法解説 「～じゃなくて」を表す 말고 と 아니고 の違い

両方とも日本語訳が「～じゃなくて」になるので混同しやすいのですが、말고は例文のように、いくつかの選択肢があってその中でAじゃなくてBというときに使います。一方、아니고は間違ったことを正しく直すときに使います。아이스가 아니라 따뜻한 걸로 주문했는데요 . アイスじゃなくてホットで頼んだのですが。→ 注文が間違っていたことを指摘。

これも言ってみよう!

□ **ホイップ抜きでお願いします。**

フィピンクリム　ッペ　ヂュセヨ
휘핑크림 빼 주세요 .

直訳では「ホイップクリーム抜いてください」。

□ **シロップ多めでお願いします。**

シロプ　マニ　ノオ　ヂュセヨ
시럽 많이 넣어 주세요 .

直訳では「シロップたくさん入れてください」。

□ **さっきの注文キャンセルできますか?**

アッカ　チュムナン　ゴ　チュィソハル　ス　イッソヨ
아까 주문한 거 취소할 수 있어요 ?

「キャンセル、取り消し」は취소、「キャンセルする」は취소하다と言います。

噂のチーズケーキが到着。ひと口食べてみよう！

7/9

トゥットン　デロ　マシンネ
듣던 대로 맛있네 .

評判どおりおいしいね

かんたん解説 「評判」は평판、평と言いますが、듣던 대로（聞いていたとおり）が自然。

文法解説 「〜どおり」は韓国語で？

名詞のあとには대로をつけて、「〜どおり」と言うことができます。생각대로（思いどおり）、계획대로（計画どおり）。動詞のあとにつけるときは바라는 대로（望むどおり）、생각한 대로（思ったどおり）、듣던 대로（聞いていたどおり）のように連体形に接続します。

これも言ってみよう！

☐ 評判ほどじゃないですね。

インキエ　ピヘソ　マスン　クヂョ　クロンネヨ
인기에 비해서 맛은 그저 그렇네요 .

直訳すると「人気に比べて味はふつうですね」。- 에 비해서（〜に比べて、〜のわりに）。그저 그렇네요（ふつうですね）。그렇네요の発音は［クロネヨ］でもOK。

☐ 今まで飲んだコーヒーの中で一番おいしいです。

チグムッカヂ　マショ　ボン　コピ　ヂュンエ　チェイル　マシッソヨ
지금까지 마셔 본 커피 중에 제일 맛있어요 .

経験に関して話すときは - 아 / 어 보다（〜してみる）を使う場合が多く、마신 커피（飲んだコーヒー）より、마셔 본 커피（飲んでみたコーヒー）のほうが自然な言い方になります。

「コーヒーがいまいち」
だという友だちに。

そうかな？
私はおいしいと思うけど

友だちが頼んだパフェが
おいしそう…。

ひと口もらってもいい？

ケーキもパフェも完食。
おいしかった〜。

ここに来てよかったね

「コーヒーがいまいち」だという友だちに。

7/10

クロンガ
그런가?

ナン　クェンチャヌン　ゴ　カトゥンデ
난 괜찮은 거 같은데.

そうかな？　私はおいしいと思うけど

かんたん解説　相手のセリフ：커피 맛이 좀 아쉽네.

文法解説　**独り言「～かな？」は韓国語で？**

独り言で「～かな？」と言うときは、疑問に思うことや推測を表す語尾 - 나?、- ㄴ / 은가?をつけます。動詞の場合は語幹に - 나?、形容詞の場合は語幹に - ㄴ / 은가?をつける決まりがあり、例文の그런가?（そうかな？）は形容詞그렇다（そうだ）に～ㄴ / 은가が接続した形です。過去形につける場合は動詞、形容詞ともに - 았 / 었나?という形で使います。

これも言ってみよう！

☐ **そうですね。**

クロゲヨ
그러게요.

「まったく同感です」という意味であいづちを打つときによく使います。

☐ **私はふつうにおいしいと思いますけどね。**

チョヌン　マシッキマン　ハンデヨ
저는 맛있기만 한데요.

相手の意見を聞いて、自分は違うように思うと伝えるときに、形容詞 - 기만 한데요を使って「～だとしか思いません」と言うことができます。

友だちが頼んだパフェがおいしそう…。

ナド　ハン　ニプ　モゴ　ポァド　ドェ

나도 한 입 먹어 봐도 돼？

ひと口もらってもいい？

かんたん解説　友だちとの会話なら、短く나도 한 입만と言っても大丈夫です。

文法解説　**「ひと口もらっていい？」のいろいろな言い方**

먹어 봐도 돼？（食べてみてもいい？）は -아 / 어 보다（〜してみる）＋ -아 / 어도 되다（〜してもいい）を組み合わせた形で、タメ口会話ではありますが少し控えめな言い方です。仲のいい友だちに言うときは、少しねだる感じで強い意志を表す -ㄹ / 을래を使って、나도 한 입 먹어 볼래！（私もひと口食べてみる！）と言うこともできます。

これも言ってみよう！

□ **これも食べてみませんか？**

イゴット　モゴ　ポシルレヨ

이것도 먹어 보실래요？

-ㄹ / 을래요？は提案をして相手の意向をたずねるときに使います。

□ **どっちもおいしいですけど、こっちがいいです。**

トゥル ダ　マシンヌンデ　イゲ　ド　チェ　チュィヒャンイエヨ

둘 다 맛있는데 이게 더 제 취향이에요 .

둘 다（2つとも）。이것이 더（こちらのほうが）を話し言葉で이게 더と言います。

□ **それ、何味ですか？**

クゴ　ムスン　マシエヨ

그거 무슨 맛이에요？

ケーキもパフェも完食。おいしかった〜。

7/12

ヨギ　オギル　チャレンネ
여기 오길 잘했네 .

ここに来てよかったね

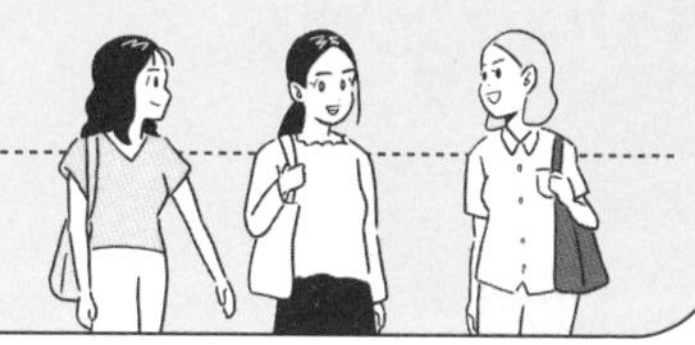

かんたん解説 오길は오기를を短くした形です。

文法解説 「〜してよかった」を表す - 기를 잘했다

- 기를 잘했다は「〜してよかった」という表現で、会話では기를を短くして - 길 잘했다と使う場合が多いです。- 기를 잘했다は「〜して正解だった」という意味もあります。

これも言ってみよう！

☐ **ちょっと遠かったけど、行けてよかったですね。**

チョムモルギン　ヘッチマン　カギル　チャラン　ゴッ　カタヨ　クチョ
좀 멀긴 했지만 가길 잘한 것 같아요 , 그죠 ?

同意を求める場合、文章の最後に그렇지요？（そうでしょう？）をつけます。話し言葉では그렇지요が그렇죠、さらに그죠 / 그죠？ と短くなります。

☐ **またいいお店（が）あったら一緒に行きましょうね。**

ットクェンチャヌン　カゲ　イッスミョン　カチ　カヨ
또 괜찮은 가게 있으면 같이 가요 .

괜찮다（大丈夫だ）には「よい」という意味もあります。

7/13
Coffee Shop
46000원
レシートを見たら
思ったより高かった…。
おいしいけど少し高いね（笑）

7/14
매콤달콤 떡볶이
甘いものをたくさん食べて
大満足！ でも…。
甘いもの食べたら、
なんだかしょっぱいものが
食べたくなっちゃった

7/15
楽しい1日が終わっちゃった…。
明日が休みだったらいいのに

レシートを見たら思ったより高かった…。

7/13

マシンヌンデ　チョム　ピッサネ
맛있는데 좀 비싸네 .

おいしいけど少し高いね（笑）

かんたん解説 「～だけど」は形容詞の場合 - ㄴ / 은데に接続しますが、있다 / 없다が入る形容詞（재미있다 / 없다、맛있다 / 없다）は - 는데をつけます。

文法解説 **「～だけど」は - 지만 と - 는데、どっちを使う？**

– 지만、– 는데「～だけど」はどちらも前の内容と反対のことを言うときに使いますが、日常会話では－는데をよく使います。– 지만は相反する内容しか言えない反面、– 는데は日本語の「～けど / ～のに」のように使え、話の背景や提案の理由を表すときにも便利です。
지금 편의점에 있는데 필요한 거 있어요？
今コンビニにいますけど、何か必要なものありますか？ → 話の背景
날씨도 좋은데 어디 놀러 안 갈래요？
天気もいいし、どこか遊びに行きませんか？→ 提案の理由

これも言ってみよう！

☐ **思ったより安くてびっくりしました。**

センガｸポダ　ッサソ　ッカﾑチャン　ノﾙラッソヨ
생각보다 싸서 깜짝 놀랐어요 .

놀라다（驚く）を強調して깜짝 놀라다と言うと「びっくりする」という意味に。

☐ **ここおいしいけど、混みすぎでしたね。**

ヨギ　マシンヌンデ　サラミ　ノム　マナッソヨ
여기 맛있는데 사람이 너무 많았어요 .

「混む」は많다（多い）でシンプルに。사람이 많다（人が多い）。

甘いものをたくさん食べて大満足！　でも…。

7/14

タン　ゴ　モグニカ　ッチャン　ゲ　タンギョ
단 거 먹으니까 짠 게 당겨.

甘いもの食べたら、なんだかしょっぱいものが食べたくなっちゃった

かんたん解説　단 것 (省略形は단 거) は달다 (甘い) の連体形단+것 (もの) の形。달다は連体形に接続するとㄹパッチムがとれます。당기다 (食べたくなる) の発音は正しくは당기다 [タンギダ] ですが、実際話すとき땡기다 [ッテンギダ] と発音する人が多いです。

文法解説　「～したら」を表す -(으)니까

ある行動をした結果について話すときの「～したら」は -(으)니까を使います。仮定の -(으)면も日本語の訳が同じく「～したら」になるので混乱しやすいと思いますが、-(으) 니까はすでに起きたことを言うときに使い、-(으) 면はこれから先のことを言うときに使う、と覚えると区別しやすくなると思います。

これも言ってみよう！

□ 甘いもの食べたら元気出ました！

タン　ゴ　モグニカ　キブン　チョアヂョッソヨ
단 거 먹으니까 기분 좋아졌어요！

기분 (이) 좋아지다 (元気が出る、気分がよくなる)。

□ 辛いもの食べたくなりました。

メコマン　ゲ　タンギョヨ
매콤한 게 당겨요.

おいしい辛さを表現するときは매콤하다と言います。ほかの味に関しても、달다 (甘い) を달콤하다、시다 (酸っぱい) を새콤하다と言うとおいしそうに聞こえます。

楽しい1日が終わっちゃった…。

7/15

ネイリ　シュィヌン　ナリオッスミョン　チョッケッタ
내일이 쉬는 날이었으면 좋겠다 .

明日が休みだったらいいのに

かんたん解説 休みは쉬다（休む）+날（日）で쉬는 날と言います。쉬다だけ使って내일 쉬었으면 좋겠다（明日休めたらいいな）と言っても大丈夫です。

文法解説 「～ならいいのに」を表す -았 / 었으면 좋겠다

名詞のあとは -이었 / 였으면 좋겠다、動詞と形容詞のあとは -았 / 었으면 좋겠다という形になり、ほぼ叶う可能性がない場合に使うことが多いです。会話では -이었 / 였으면 좋겠다を -이었음 / 였음 좋겠다、-았 / 었으면 좋겠다を -았 / 었음 좋겠다と略して言ったりもします。

これも言ってみよう！

□ **週末があっという間に終わりましたね。**

チュマリ　ヌン　ッカムチャカル　サイエ　ックンナンネヨ
주말이 눈 깜짝할 사이에 끝났네요 .

눈 깜짝할 사이에は「またたく間に」という意味の決まり文句です。

□ **会社行きたくないです。**

フェサ　カギ　シロヨ
회사 가기 싫어요 .

-기 싫다（～するのが嫌だ、～したくない）。

□ **また時間ができたら遊びに行きましょう。**

タウメ　ット　シガン　ナミョン　ノルロ　カヨ
다음에 또 시간 나면 놀러 가요 .

시간（이）나다（時間があく、時間ができる）。

Dahee's KOREA REPORT 07

韓国ドラマと現実の違うところ

韓国人から見ても韓国ドラマ、とくに家族ドラマでよく見るシーンで「実際はそうでもないけどなぁ」と思うことがあります。

親は結婚にこだわる、恋愛に干渉する
人によるが、そこまで子どもの結婚にこだわらない。連絡もしないで結婚している娘、息子の家に行くのはさすがにNG。

床に布団を敷いて寝る
一戸建ての家が登場し、床に布団を敷いて寝ているが、実際はアパート（日本で言うマンションに近い）に住んでいる人が多く、布団よりベッドで寝る人のほうが多い。

盛大なプロポーズ
ドラマではとても感動的なプロポーズシーンが出てくるが、実際、周りで結婚している人たちの話によると、プロポーズの仕方が義務的だったり、サプライズじゃない場合が多いらしい。

多少主観的な話も入っているので、そういうこともあるんだ！と話半分で読んでいただけると幸いです。

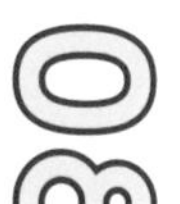

TRACK 08

忘れ物をしたり、道を聞いたり聞かれたり…地下鉄やタクシーなど、公共の施設で起こりがちな「困った」を解決するフレーズです。

地下鉄・タクシーで

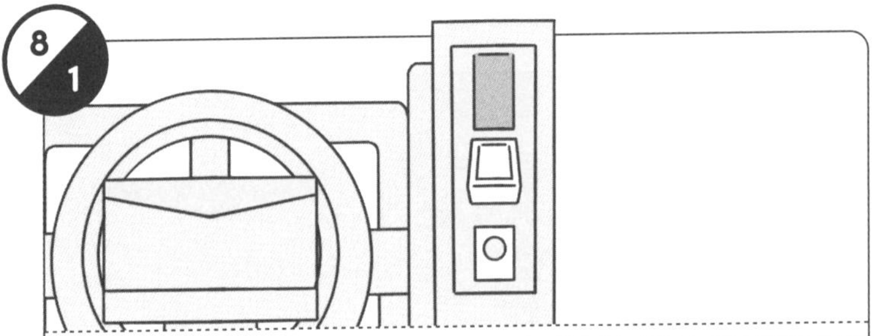

8 / 1

改札から出られない…。
どうしよう!

（改札のインターフォンで）
外に出られないんですが
どうしたらいいですか?

8 / 2

忘れ物をして案内所へ。
駅員さん「どうしました?」。

さっきの地下鉄に
財布を忘れました

8 / 3

一生懸命探してくれる駅員さん。
でも…「確認してみたところ、お探しのものはないみたいです」。

もしあとで見つかったら、
こちらの電話番号に
ご連絡してもらえますか?

8/1

パックロ　モン　ナガゴ　インヌンデ
밖으로 못 나가고 있는데

オットカミョン　ドェヨ
어떡하면 돼요？

（改札のインターフォンで）外に出られないんですがどうしたらいいですか？

かんたん解説 直訳では「外に出られずにいますが、どうしたらいいですか？」。「外へ、右へ、左へ」など、進む方向を言うときは助詞 -（으）로を使います。

文法解説 어떻게 하다（どうする）の略し方

어떡하다の発音は、ㄱパッチムのあとにㅎが続いて激音「ヲ」の音に変わります。「どうする」という意味の어떻게 하다は、会話では어떡하다と短く言うことが多いです。

どうしよう　어떻게 해　→ 어떡해［オッケ］
どうするべきですか？　어떻게 해야 돼요？　→ 어떡해야 돼요？［オットケヤ ドェヨ］
どうしようかな　어떻게 하지　→ 어떡하지［オッカジ］
どうしたらいいですか？　어떻게 하면 돼요？　→ 어떡하면 돼요？［オットカミョン ドェヨ］

これも言ってみよう！

□ **カードが反応（認識）しないです。**

カドゥ　インシギ　アン　ドェヨ
카드 인식이 안 돼요 .

인식이 되다（認識される）。

□ **○○方面に行きたかったのですが、間違えて（別の改札に）入ってしまいました。**

パンミョヌロ　カリョゴ　ヘンヌンデ　チャルモッ　トゥロワッソヨ
○○방면으로 가려고 했는데 잘못 들어왔어요 .

가려고 했는데（行こうと思ったのですが）。

忘れ物をして案内所へ。駅員さん「どうしました？」。

8/2

チハチョレ　チガプル　トゥゴ　ネリョッソヨ
지하철에 지갑을 두고 내렸어요 .

さっきの地下鉄に財布を忘れました

かんたん解説 相手のセリフ：뭘 도와드릴까요?

文法解説 「忘れ物する」は韓国語で？

「置き忘れた」は두다（置く）という単語に오다（来る）、나오다（出てくる）、내리다（降りる）をつけて두고 오다、두고 나오다、두고 내리다と言います。混同しやすいのは「忘れた」を意味する韓国語です。「持ってくることを忘れる」は깜빡하다。잊어버리다だと物ではなく「記憶を忘れてしまう、覚えていない」という意味になります。また、「落とす、なくす」は잃어버리다を使いましょう。「落とす」という単語には떨어뜨리다もありますが、これだと「地面に物を落とす」という意味になってしまいます。

これも言ってみよう！

□ 道で落としたみたいです。

キレソ　フルリョンナボァヨ
길에서 흘렸나봐요 .

「落として忘れ物をする」は흘리다（落としてなくす）を使います。

□ 忘れ物センターはどこにありますか。

プンシルムルセント　オディエ　イッソヨ
분실물센터 어디에 있어요 ?

분실물 센터（紛失物センター）。

一生懸命探してくれる駅員さん。でも…「確認してみたところ、
お探しのものはないみたいです」。

ホクシ　チャヂュミョン　イ　ボノ　ロ　チョヌァ　チュシル　ス
혹시 찾으면 이 번호로 전화 주실 수
イッスルカヨ
있을까요？

もしあとで見つかったら、こちらの電話番号にご連絡してもらえますか？

かんたん解説　相手のセリフ：확인해 봤습니다만，찾으시는 물건은 없는 것 같습니다．

文法解説

「見つかる」は韓国語で？

韓国語で「探す、見つける、見つかる」はすべて찾다という単語を使います。찾다は自動詞「見つける」、他動詞「見つかる」の区別がなく、どちらの場合でも찾다と言って問題ありません。ちなみに「発見」を意味する발견は、발견하다（見つける）、발견되다（見つかる）と区別して使いますが、日常会話ではあまり使われないので찾다を使えばＯＫです。

これも言ってみよう！

☐ **もう一度だけご確認してもらえませんか？**

ハン　ボンマン　ド　ファギネ　ヂュシミョン　アン　ドェルカヨ
한 번만 더 확인해 주시면 안 될까요？

直訳では「もう一度だけ確認してくださることはできませんか？」。

☐ **ありますか？　ありがとうございます！　取りに行きます。**

イッソヨ　カムサハムニダ　カヂロ　カルケヨ
있어요？ 감사합니다！ 가지러 갈게요．

電話で問い合わせる場合に。가지다（手に取る）＋－러 가다（～に行く）で가지러 가다（取りに行く）と言うことができます。

8
4
交通カードの残金が
少ないんだった!
チャージしてくる(から待ってて)
8
5
目の前にご高齢の方が。
席を譲らなきゃ!
こちらの席へどうぞ
8
6
あれ、今どこの駅を
通過したんだろう?
さっき何駅でしたっけ?

8/4

チャムシマン　ナ　チュンヂョン　チョム　ハゴ

잠시만 , 나 충전 좀 하고 .

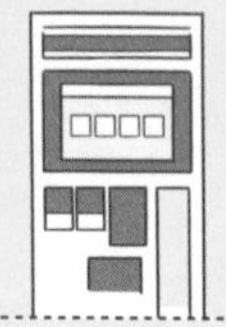

チャージしてくる（から待ってて）

文法解説　-고 の後ろに続く文を省略するとき

나 충전 좀 하고は、나 충전 좀 하고 올게という文章を会話調に短くした言い方です。くだけた会話では、-고（〜してから、ね？）という感じで -ㄹ/을게を省略する場合があります。

弟：형 나 숙제 좀 도와 줘 .　兄さん、宿題手伝って。

兄：알겠어 . 이것만 보고 .　わかった。これ見終わったら手伝ってあげるね。

　＝알겠어 . 이것만 보고 도와 줄게 .

これも言ってみよう！

☐ チャージするの忘れていました！

チュンヂョンハヌン　ゴ　ッカムパケッソヨ

충전하는 거 깜박했어요 !

直訳では「チャージすることをうっかりしていました」。깜박하다（うっかりする）。

☐ （交通カードの）残高ありますか？

キョトンカドゥ　チャネク　イッソヨ

교통카드 잔액 있어요 ?

잔액（残額）。

☐ 私が持ってるのは後払いだからチャージしなくてもいいよ。

ネ　コン　フブルカドゥラソ　チュンヂョン　アネド　ドェ

내 건 후불카드라서 충전 안 해도 돼 .

韓国には後払いできる交通カードがあり、후불교통카드と言います。

目の前にご高齢の方が。席を譲らなきゃ！

オルシン　ヨギ　アンヂュセヨ
어르신 , 여기 앉으세요 .

こちらの席へどうぞ

かんたん解説 어르신は高齢の方をていねいに呼ぶときの言い方。할머니(おばあさん)、할아버지（おじいさん）は親しみを込めた呼び方です。

文法解説 「～てください」を表す -(으) 세요 と - 아 / 어 주세요

日本語に訳すと両方とも「～てください」になりますが、相手に提案をするときの「～てください」は –(으) 세요を使います。これは、自分から提案した行動を相手がしなくてもとくに困ることがない場合、もしくは命令に近い提案をする場合に使います。一方、– 아 / 어 주세요は相手にお願いをするシチュエーションで使います。お願いをするときに –(으) 세요を使うと命令に聞こえて失礼な言い方になりますので、気をつけましょう。

これも言ってみよう！

□ **大丈夫です。すぐ降りますから。**

クェンチャナヨ　コン　ネリョヨ
괜찮아요 . 곧 내려요 .

「次降ります」は다음에 내려요と言います。

□ **あそこ空いていますよ。**

チョギ　チャリ　ピオッソヨ
저기 자리 비었어요 .

자리 (가) 비다 (席が空く)。

あれ、今どこの駅を通過したんだろう？

パングム　ムスン　ヨク　チナッソヨ
방금 무슨 역 지났어요 ?

さっき何駅でしたっけ？

かんたん解説 방금 무슨 역이었어요？（さっき何駅でした？）でもOKです。

文法解説 「さっき」を表す 아까 と 방금 の違いは？

아까も방금も「さっき」を意味しますが、아까が数時間前のことを言うときにも使える一方、방금はほんの少し前のことを言うときにしか使えません。방금は一番現在に近い過去を言うときに使うと覚えておいてください。

これも言ってみよう！

☐ ここから一番近い地下鉄の駅はどこ（何駅）ですか？

ヨギソ　チェイル　カッカウン　チハチョルリョギ　オディイエヨ
여기서 제일 가까운 지하철역이 어디예요 ?

가깝다（近い）は母音に接続するとㅂパッチムが消えて우がつきます（ㅂ不規則変化）。

☐ ここがどこだかわからなくなりました。

ヨギガ　オディンヂ チャル　モルゲッソヨ
여기가 어딘지 잘 모르겠어요 .

会話では어디인지を短くして어딘지と言います。

87

突然、道を聞かれた。「A百貨店に行きたいんですけど」。

すみません。私もこの辺の道は詳しくないので…

88

また道を聞かれた。今度は知ってる場所！　教えてあげよう。

横断歩道を渡って、右に曲がってすぐのところにあります

89

地図アプリにはこの辺だと出ているけど、見つからない…。コンビニで聞いてみよう。

このお店をご存じですか？いくら探しても見つからないんです

突然、道を聞かれた。「A百貨店に行きたいんですけど」。

8/7

チェソンヘヨ
죄송해요 .

チョド　イッチョㇰ　キルン　チャㇽ　モㇽラソヨ
저도 이쪽 길은 잘 몰라서요 .

すみません。私もこの辺の道は詳しくないので…

かんたん解説　「詳しくない」は잘 몰라요（よくわからない、知らない）と言います。
相手のセリフ：길 좀 여쭤 볼게요 . A백화점에 가려는데요?

文法解説　**- 아 / 어서 と - 아 / 어서요 の違い**

理由を言う - 아 / 어서（〜て、ので）を文末で使う場合、最後に요をつけないとタメ口のように聞こえてしまいます。例文のように「詳しくないので…」という場合でも同様。- 아 / 어서のあとに会話が続く場合は問題ありませんが、その文章で会話が終わり、かつ、ていねいに話す状況では、必ず요をつけて - 아 / 어서요という形で話しましょう。

これも言ってみよう！

☐ **行き方を検索してみます。**

カヌン　パンボㇷ゚　アラボァ　ドゥリㇽケヨ
가는 방법 알아봐 드릴게요 .

直訳すると「行く方法を調べてさしあげます」。

☐ **私もここは初めてなんです。**

チョド　ヨギン　チョウミエヨ
저도 여긴 처음이에요 .

会話では여기는（ここは）を短くして여긴と言います。

☐ **あそこの案内所に行って聞いてみませんか?**

チョギ　アンネデスクエ　カソ　ハンボン　モロ　ボシゲッソヨ
저기 안내데스크에 가서 한 번 물어 보시겠어요 ?

-（으）시겠어요?（〜られませんか?）は、-（으）세요（〜てください）よりていねいです。

また道を聞かれた。今度は知ってる場所！ 教えてあげよう。

8/8

フェンダンボド　コンノソ　オルンッチョグロ　トルミョン
횡단보도 건너서 오른쪽으로 돌면

パロエヨ
바로예요 .

横断歩道を渡って、右に曲がってすぐのところにあります

かんたん解説 바로（すぐ）を使って바로 보여요（すぐ見えます）、바로 보일 거예요（すぐ見つかると思います）などのフレーズがつくれます。

文法解説　文章をつなげる - 고 と - 아 / 어서 の使い分け

- 고と - 아 / 어서 は使い方に注意。上の例文のように「横断歩道を渡って」→「右に曲がる」といった前後の行動に順番やつながりがある場合は - 아 / 어서を使います。一方、- 고は「安くて、おいしい」といった別々の行動や出来事を並列して言う場合に使います。

これも言ってみよう！

□ **すぐとなりのビルです。**

パロ　ヨプ　コンムリエヨ
바로 옆 건물이에요 .

□ **歩いて行くにはちょっと遠いです。**

コロ　ガギエヌン　チョム　モロヨ
걸어 가기에는 좀 멀어요 .

- 기에는（～するには）。

□ **まっすぐ行くと、左にあるはずです。**

イ　キルロ　ッチュク　カミョン　ウェンッチョゲ　ポイル　コエヨ
이 길로 쭉 가면 왼쪽에 보일 거예요 .

쭉 가다（まっすぐ行く）。道案内で「～にあります」は直訳すると - 에 보일 거예요（～に見えるはずです）。

地図アプリにはこの辺だと出ているけど、見つからない…。
コンビニで聞いてみよう。

89

ホクシ イ カゲ アセヨ
혹시 이 가게 아세요?

アムリ チャヂャド アン ボヨヨ
아무리 찾아도 안 보여요.

このお店をご存じですか？　いくら探しても見つからないんです

かんたん解説 알다（知る）に敬語の語尾 -（으）세요が接続するとㄹパッチムが消え、아세요（ご存じです）になります。

文法解説 「いくら～しても（でも）」は韓国語で？

아무리は「どんなに」という意味です。아 / 어도、(이) 라도、더라도など、～도（～も）が入る文法と合わせて使う場合が多く、「どれだけ～しても（でも）、いくら～しても（でも）」という意味でよく使います。「いくらなんでも」と言いたいときは아무리 그래도と言います。

これも言ってみよう！

□ このビルの入り口ってどこですか？

イ コンムル イプクガ オディイェヨ
이 건물 입구가 어디예요?

□ もしかしてこのお店なくなったんですか？

ホクシ イ カゲ オプソヂョッソヨ
혹시 이 가게 없어졌어요?

없어지다（なくなる）。

タクシーで行こう。でも
どのくらいかかるんだろう？

急いでいるので、できるだけ近い
（早い）ルートで行ってください

タクシーに乗ったものの、
ちょっと道が混んでいるみたい。

地下鉄で行ったほうが
早いですかね？

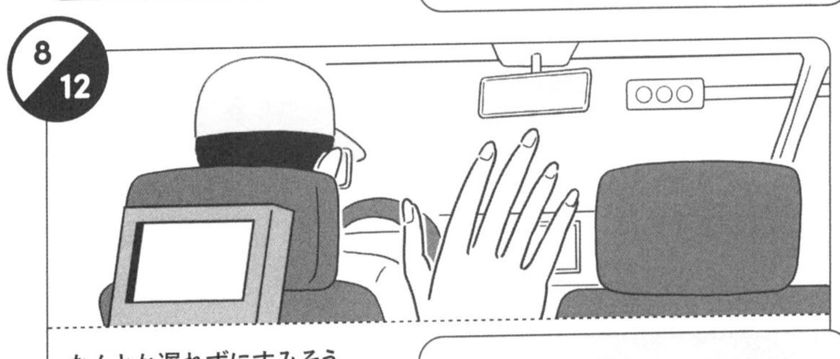

なんとか遅れずにすみそう。
運転手さん「もうすぐ到着します。
どこで止めましょうか？」。

次の信号を右折したところで
止めてください

8/10

クペソ　クロヌンデ　チェデハン　ッパルン　キルロ　カ　ヂュセヨ

급해서 그러는데 최대한 빠른 길로 가 주세요 .

急いでいるので、できるだけ近い（早い）ルートで行ってください

かんたん解説　빠른 길（近道）。

文法解説　**使えるようになると便利な 그러다**

그러다には「そうする、そう言う」という意味があります。- 아 / 어서 그러는데で「〜という理由からなのですが」という意味になり、状況や行動を省略して言うことができます。

これも言ってみよう!

☐ **この住所までお願いします。**

イ　ヂュソロ　カ　ヂュセヨ
이 주소로 가 주세요 .

目的地、方向を言うときの「〜まで、〜へ」は一(으)로を使います。

☐ **どれくらい（時間が）かかりますか?**

オルマナ　コルリョヨ
얼마나 걸려요 ?

時間が「かかる」は걸리다（かかる）を使います。

☐ **できるだけ渋滞を避けてください。**

チェデハン　アン　マキヌン　キルロ　カ　ヂュセヨ
최대한 안 막히는 길로 가 주세요 .

直訳では「最大限、混んでいない道を行ってください」。「(道路が)渋滞する」は(길이、도로가)막히다。

タクシーに乗ったものの、ちょっと道が混んでいるみたい。

8/11

チハチョル タゴ カヌン ゲ パルルカヨ
지하철 타고 가는 게 빠를까요?

地下鉄で行ったほうが早いですかね?

かんたん解説 지하철 (을) 타고 가다 (地下鉄に乗る) の代わりに、지하철로 가다 (地下鉄で行く) と言ってもOKです。

文法解説 「～したほうが」を表す -는 게

何かと何かを比べて「～したほうが」という場合、-는 게 (것이)「～することが」という言い方をします。日本語の「ほう」を訳す必要はなく、あえて直訳すると -는 편이, -는 쪽이と言えなくもないですが、実際の会話ではほとんど使いません。「～したほうがより～」と強調したい場合は더 (もっと) を加えて -는 게 더と言います。

これも言ってみよう!

☐ **道路が結構混んでますね。**

キリ ックェ マキネヨ
길이 꽤 막히네요.

「結構、かなり、ずいぶん、だいぶ」というときは꽤をよく使います。

☐ **この時間帯はいつもこんなに混んでますか?**

イ シガンデエヌン ハンサン イロケ チャガ マナヨ
이 시간대에는 항상 이렇게 차가 많아요?

막히다 (渋滞する) と同じ意味で、차가 많다 (車が多い) とも言います。

なんとか遅れずにすみそう。
運転手さん「もうすぐ到着します。どこで止めましょうか?」。

8/12

タウム　シノエソ　ウフェヂョネソ
다음 신호에서 우회전해서

セウォ　ヂュセヨ
세워 주세요 .

次の信号を右折したところで止めてください

かんたん解説 相手のセリフ：다 와 가는데 어디 세워 드릴까요?

文法解説 **タクシーに乗ったときに使える単語**

「あそこの角を曲がってください」などと伝えられるように、運転に関する単語を覚えておきましょう。右折は 우회전（右回転）、左折は 좌회전（左回転）、유턴（Uターン）、직진（直進）。

これも言ってみよう！

☐ **駅の出口の前で止めてください。**

チハチョルリョク チュルグ アペ セウォ ヂュセヨ
지하철역 출구 앞에 세워 주세요 .

☐ **ここで降ります。**

ヨギソ ネリルケヨ
여기서 내릴게요 .

バスやタクシーなど運転手に降りると伝えるときの語尾に必ず -게요を使います。「降ろしてください」という意味で言っているからです。내려요、내릴 거예요だと自分一人で決めた意志表現になります。

☐ **KTX 駅の入口で止めてください。**

ヨク イプクエ セウォ ヂュセヨ
KTX역 입구에 세워 주세요 .

ソウル駅のように、汽車と電車の両方の駅が存在する場合は지하철역（地下鉄駅）なのか KTX 역（KTX駅）なのかはっきり伝えましょう。

Dahee's KOREA REPORT

08

韓国ではあまり使わない外来語、漢字語①

フランチャイズ店の名前はもともと英語のせいか、表記と発音がかなり違う場合があります。日本での呼び方と韓国での呼び方を比べてみましょう。

日本語		韓国語
マクドナルド（マック）	→	メクトナルドゥ　メクナル 맥도날드 (맥날)
サーティーワン ※正式名称は「バスキンロビンス」といいます。	→	ベスキンラビンス 배스킨라빈스 （배스킨 もしくは 배라） ベスキン　ベラ
ケンタッキーフライドチキン	→	ケイエプッシ KFC (케이에프씨)
シェイクシャック	→	シェイクシュエク　シェクシェク 쉐이크쉑 (쉑쉑)
スターバックス（スタバ）	→	スタボクス　スボク 스타벅스 (스벅)

発音が違うだけの場合もありますが、「サーティワン」や「ケンタッキー」のように呼び方が全然違う場合もあって、この違いを初めて知ったときはとてもおもしろいと思いました。日本語でも韓国語でも、年齢や地域によってまた呼び方が少し違うかもしれないので、韓国人の友だちがいる方はふだん何と呼んでいるかぜひ聞いてみてください。

念願の歌番組の見学へ！　韓国語を学ぶきっかけになった憧れのアイドルが目の前に…ドキドキや興奮を伝えるフレーズを紹介します。

初めての歌番組

「韓国で何かしたいことある?」
とテヨンに聞かれた。

コンサートに行ったり、
サイン会に行ったりしたい!

テヨンから電話。
二人とも音楽番組の
公開収録が当たった!

やった! 二人とも当選するとは!
夢じゃないよね?

「朝5時にテレビ局前に
集合ね」とテヨン。

そんなに早いの!?
起きれるかな…

「韓国で何かしたいことある?」とテヨンに聞かれた。

9/1

コンソトゥナ　サイヌェ　カ　ボゴ　シポ
콘서트나 사인회 가 보고 싶어 !

コンサートに行ったり、サイン会に行ったりしたい!

かんたん解説　相手のセリフ：한국에서 뭐 하고 싶은 거 있어?

文法解説　「〜だったり」は韓国語で?

「〜（名詞）だったり、とか」は - (이) 나、「〜（動詞）したり」は - 거나をつけます。
부산이나 대구에 가 보고 싶어요． 釜山とか大邱に行ってみたいです。
주말에는 영화를 보거나 쇼핑을 해요． 週末は映画を観たりショッピングをします。

これも言ってみよう!

☐ **チケッティング（は）初めてなので緊張します。**

ティケッティン　チョウミラソ　ノム　ットルリョヨ
티켓팅 처음이라서 너무 떨려요 .

떨리다 / 긴장되다 (緊張する)。떨리다は「震える」という意味もあります。

☐ **（音楽番組の）公開収録に行くのが夢です。**

コンゲ　パンソン　カ　ボヌン　ゲ　ソウォニエヨ
공개 방송 가 보는 게 소원이에요 .

- 는 게 소원이에요 (〜するのが夢です)。소원 (願い、念願)。공개 방송 (公開放送) は「公開収録」を意味します。

☐ **コンサートに行ったことがまだ一度もないです。**

コンソトゥルル　アヂク　ハン　ボンド　アン　カ　ボァッソヨ
콘서트를 아직 한 번도 안 가 봤어요 .

経験について話すときは、- 아 / 어 봤어요 (〜してみたことがあります、してみました)、안 - 아 / 어 봤어요 (〜してみたことがないです) をよく使います。

テヨンから電話。二人とも音楽番組の公開収録が当たった!

9/2

テバク
대박 !

トゥル　ダ　タンチョムトェル　チュリヤ
둘 다 당첨될 줄이야 !

イゴ　ックム　アニヂ
이거 꿈 아니지 ?

やった!　二人とも当選するとは!　夢じゃないよね?

かんたん解説　「当選する」は당첨되다と言います。당첨하다ではないので注意!

文法解説　「～するとは思わなかった」を表す -ㄹ/을 줄 몰랐다

予想外のことが起きたときに、-ㄹ/을 줄 몰랐다(～するとは思わなかった)を使います。感嘆詞のように短く-ㄹ/을 줄이야(～するとは)とも言います。

これも言ってみよう!

□ **チケッティング今日なの?　すっかり忘れてた。**

ティケッティン　オヌリヤ　ワンヂョン　イッコ　イッソッソ
티켓팅 오늘이야? 완전 잊고 있었어 .

「チケッティング」はコンサートやミュージカルなどのチケットサイトで、自ら座席を指定してチケットを購入すること。

□ **外れだった…泣きたい。**

タンチョム　アン　ドェッソ　ウルゴ　シポ
당첨 안 됐어… 울고 싶어 .

당첨 되다(当選する)。광탈이야(光の速度で脱落した意味の若者言葉)でもOK。

□ **私の分まで楽しんできてください!**

チェ　モッカヂ　チェミイッケ　ノルダ　オセヨ
제 몫까지 재미있게 놀다 오세요 !

재미있게 놀다 오세요は「楽しんできてください」という決まり文句です。「私の分まで」の「分」は몫(分け前、取り分)と言います。

「朝5時にテレビ局前に集合ね」とテヨン。

9/3

クロケ イルチク
그렇게 일찍 !?

イロナル ス イッスルカ
일어날 수 있을까 ...

そんなに早いの!? 起きれるかな…

かんたん解説 タメ口で相手の意見を聞いたり、独り言で疑問に思うことをつぶやくときの「〜かな?」は、動詞や形容詞に -ㄹ / 을까?をつけます。
相手のセリフ:내일 아침 다섯시에 방송국 앞에서 봐!

文法解説 「早く」を意味する 빨리と일찍

「早く」を意味する単語は빨리と일찍がありますが、빨리は行動にかかる時間を短くするとき、行動を促すときに使い、일찍はいつもの時間より早くという意味で使います。

これも言ってみよう!

☐ **徹夜してでも行きます。**

パム セソラド カル コエヨ
밤 새서라도 갈 거예요 .

밤 (을) 새다 (徹夜する)。- 아 / 어서라도「〜してでも」の意味。強い意志を表すときは - ㄹ / 을 거예요 (絶対〜します、〜するつもりです) を使います。

☐ **電話で起こしてください。**

モニンコル チョム ヘ ヂュセヨ
모닝콜 좀 해주세요 .

모닝콜 (モーニングコール)。

☐ **アラームいっぱいかけなきゃ!**

アルラム マニ マッチョヤジ
알람 많이 맞춰야지 !

알람 (을) 맞추다 (アラームをかける、セットする)。

9/4

テレビ局の前で待ち合わせ。
わ、テヨンおしゃれしてる〜。

おしゃれすぎない〜!?（笑）

9/5

あ、行列が見えてきた。
ここに並べばいいのかな？

（公開収録に参加するのは）
この列で合ってますか？

9/6

並んでいた人たちと意気投合。
「○○さんのどこがそんなに好きなの？」と聞かれて。

ファーストアルバムから
すごくハマってます

テレビ局の前で待ち合わせ。わ、テヨンおしゃれしてる〜。

9/4

너무 예쁘게 하고 온 거 아니야?!

ノム イェップゲ ハゴ オン ゴ アニヤ

おしゃれすぎない〜!?(笑)

かんたん解説 너무は「〜すぎる」という意味で否定的なニュアンスで使うことがありますが、大げさにほめたり、いい評価をするときにも使えます。

文法解説 「おしゃれする」は韓国語で?

日本語の「おしゃれする」に近い意味の表現は、꾸미다、예쁘게 하다、신경 쓰다などがあります。꾸미다は「飾る、着飾る」、예쁘게 하다は文字どおり「きれいにする、かわいくする」。신경 쓰다は「気にする」という意味でよく使う単語ですが、気合いを入れておしゃれするという意味でも使います。

これも言ってみよう!

☐ 今日めちゃくちゃかわいいですね?!

オヌル ノム イェップンデヨ
오늘 너무 예쁜데요?!

感想を言うときに語尾を上げて -ㄴ/은데요?と言います。

☐ 気合い入ってますね!

シンギョン マニ ッソンネヨ
신경 많이 썼네요!

あ、行列が見えてきた。ここに並べばいいのかな？

ヨギ　チュル　ソヌン　ゴ　マヂャヨ
여기 줄 서는 거 맞아요？

（公開収録に参加するのは）この列で合ってますか？

かんたん解説 行列のことを줄、行列に並ぶは줄을 서다と言います。서다（立つ）。

文法解説 맞다 のいろいろな意味

맞다という単語には「サイズなどが合う、合っている（正しい）」「雨などにあたる」「殴られる」「迎える」などさまざまな意味があります。「～することで合っていますか？」と言いたいときは -는 거 맞아요？と言います。

これも言ってみよう！

☐ **推しは誰ですか？**

チェイル　チョアハヌン　メンボガ　ヌグイェヨ
제일 좋아하는 멤버가 누구예요？

「推し」＝一番好きなメンバー。최애 멤버（最愛メンバー）가 누구예요？ でもOK。

☐ **公開番組は生まれて初めてです。**

コンゲ　パンソンウン　テオナソ　チョウミエヨ
공개 방송은 태어나서 처음이에요.

태어나서 처음이에요（生まれて初めてです）は決まり文句なのでこのまま覚えましょう。

☐ **サイン会はよく行かれますか？**

サイヌェ　チャヂュ　ガセヨ
사인회 자주 가세요？

頻度を表す「よく」は자주を使います。

並んでいた人たちと意気投合。
「○○さんのどこがそんなに好きなの？」と聞かれて。

9/6

イルチプ　ッテブト　イ　サラムハンテ　プク
일집 때부터 이 사람한테 푹

ッパヂョイッソヨ
빠져있어요 .

ファーストアルバムからすごくハマってます

かんたん解説　相手のセリフ：○○ 어디가 그렇게 좋아?

文法解説　**「ハマった」は韓国語で？**

「～にハマる」は - 에 (한테) 빠지다と言います。もっと強調したい場合は푹を入れて、- 에 (한테) 푹 빠지다。푹は深いさまを表す言葉で - 에 푹 빠졌어요と言うと「～にすごくハマって夢中になっています」という意味になります。

これも言ってみよう！

□ **とにかく好きなんです～**

クニャン　ノム　チョアヨ
그냥 너무 좋아요 .

「ただ、とにかく」を言うときは그냥を使います。

□ **最近○○三昧です。**

ヨヂュム　エ　ハンテ　プク　ッパヂョ　サラヨ
요즘 ○○에 / 한테 푹 빠져 살아요 .

빠져 살다は、ハマりすぎてもはや生活の一部になっているという意味です。○○がものの場合は○○에、人の場合は○○한테になります。

□ **バラエティ番組で見て好きになりました。**

イェヌン　パンソン　ナオン　ゴ　ポゴ　チョアヂョッソヨ
예능 방송 나온 거 보고 좋아졌어요 .

バラエティ番組は 버라이어티とも言いますが、예능 방송 (芸能放送) のほうがよく使います。

公開収録が終了。○○さんがすぐ目の前にいた…。

こんなに近くで観れたなんて、今日死んでもいい…

テヨンと二人、帰り道に感想を語り合う。

写真撮影できないのがとても残念

グッズを見ながら余韻に浸る…。間近で見たらもっと好きになっちゃったな。

次のアルバムも楽しみだね！

公開収録が終了。〇〇さんがすぐ目の前にいた…。

9/7

이렇게 가까이서 보다니 오늘 죽어도 여한이 없어…

イロケ カッカイソ ポダニ オヌル チュゴド ヨハニ オプソ

こんなに近くで観れたなんて、今日死んでもいい…

かんたん解説 죽어도 여한이 없다（死んでも思い残すことがない）。念願が叶ったうれしさを大げさに表現する決まり文句です。

文法解説 「～だなんて」を表す - 다니

予想外のことが起きて驚いたときに使う「～だなんて」は韓国語で－다니と言います。－다니 말도 안 돼（～だなんてあり得ない）、－다니 믿기지 않아（～だなんて信じられない）のように다니のあとに文章を続けても、感嘆詞（例文）のように다니で止めても大丈夫です。

これも言ってみよう！

☐ 心臓止まるかと思いました。

シムヂャン モンヌン ヂュル アラッソヨ
심장 멎는 줄 알았어요 .

「止まる」はいろいろな単語がありますが「心臓、呼吸が止まる」は멎다をよく使います。

☐ このサイン、一生の宝ものにします。

イ サイン ピョンセン カンジカル コイェヨ
이 사인 평생 간직할 거예요 .

간직하다は「特別大事にして保管する」という意味です。

☐ （握手会のあと）夢のような一日でした！ 今日は手を洗いません。

ックム カトゥン ハルヨッソヨ オヌルン ソン アン ッシスル コイェヨ
꿈 같은 하루였어요 . 오늘은 손 안 씻을 거예요 .

「夢のようだ」は꿈 같다、꿈만 같다と言います。

テヨンと二人、帰り道に感想を語り合う。

サヂン　チャリョン　モッ　タヌン　ゲ　ノム　アシュイプタ
사진 촬영 못 하는 게 너무 아쉽다 .

写真撮影できないのがとても残念

かんたん解説 아쉽다は「残念だ、惜しい、名残惜しい」などの意味があります。

文法解説 못 の発音はころころ変わる

못は次に続く文字によって発音がよく変わります。못のあとに母音から始まる単語がくる場合はパッチムㅅがㄷの音になって、못 읽어요［モディルゴヨ］のように発音します。못のあとにㅎの子音から始まる単語がくる場合はパッチムㅎがㅌの音になって、못 해요［モテヨ］のようになります。

これも言ってみよう！

□ **今日のステージ、絶対テレビで見ないと！**

オヌル　ムデ　ッコク　ポンバンサス　ヘヤジ
오늘 무대 꼭 본방사수 해야지 !

본방사수（本番死守）はリアルタイムで番組を見ることです。

□ **今日もライブすごかったですよね。**

オヌルド　ライブ　ックンネヂョッソヨ　クチョ
오늘도 라이브 끝내줬어요 , 그죠 ?

끝내주다はこの上ない満足感を表現する「最高、すばらしい」という表現です。

□ **テレビで見るのとはまた違って楽しかったです。**

ティビロ　ポヌン　ゴランウン　ット　タルラソ　チェミイッソッソヨ
티비로 보는 거랑은 또 달라서 재미있었어요 .

보는 거랑은（見るのとは）の랑은 は 하고는に入れ替えてもＯＫです。

グッズを見ながら余韻に浸る…。間近で見たらもっと好きになっちゃったな。

9/9

タウム　エルボムド　ノム　キデドェ
다음 앨범도 너무 기대돼！

次のアルバムも楽しみだね！

文法解説　「楽しみ！」は韓国語で？

「楽しみだ」は韓国語で기대（가）되다と言います。기대は「期待」という意味です。ちなみに、「楽しみにしています」は기대하고 있을게요、「楽しみにしていてください」は기대해주세요と言います。기다려지다（待ち遠しい）という単語も覚えておきましょう。

これも言ってみよう！

☐ 友だちに自慢しようっと。

チングハンテ　チャランヘヤジ
친구한테 자랑해야지！

자랑하다（自慢する）。

☐ 次のコンサートまで頑張って働こう／勉強しよう。

タウム　コンソトゥ　ッテッカヂ　ット　ヨルシミ　トン　ポロヤジ　コンブヘヤジ
다음 콘서트 때까지 또 열심히 돈 벌어야지 / 공부해야지 .

돈을 벌다（お金を稼ぐ）。「○○まで」などと特定の日までを言うときは때까지（ときまで）を使います。

Dahee's KOREA REPORT 09

韓国流、おもしろい年齢の言い方

日本には「アラサー」や「アラフォー」という言葉がありますよね。韓国にも年齢を伝えるおもしろい言い方がありますので紹介します。

年齢を「何年何組」と言うことがあります。たとえば、54歳であれば5年4組、62歳であれば6年2組といった言い方です。10代、20代の若い人は使わず、だいたい40代以上の人が少しはずかしそうに年齢を言うときに使うことが多いようです。

10代、20代の人があまり使わない理由は、まだ若くて年齢を言うのにあまり抵抗がないからかもしれません。実際、ほとんどが学生である可能性が高いので、「何年何組」のように年齢を伝えたら、「中学生？」「高校生？」「大学生？」と聞かれるから言わないのかもしれませんね。

まさか外国の人が知っているとは思わない年齢のおもしろい言い方ですので、年齢を言う機会があるときにぜひ使ってみてください。

TRACK 10

友だちと一緒に映画館へ。ちょっとした感想や趣味について語れるフレーズを中心に紹介します。

映画を観に行く

10/1

スマホで最新映画を調べていたら、友だちに「何見てるの?」と聞かれた。

何かおもしろい映画
やってるかなと思って

10/2

「見たい映画があるなら観に行こう」と誘われた。

じゃ、これ観る? さっき予告編
見たけどおもしろそうだったよ!

10/3

アプリで予約しよう。
あれ、思ったより残席が
少ないみたい…。

平日だから残席多いと思ったのに、
この映画思ったより人気あるんだな

スマホで最新映画を調べていたら、友だちに「何見てるの?」と聞かれた。

10/1

ムォ チェミインヌン ヨンファ インナ シポソ
뭐 재미있는 영화 있나 싶어서 .

何かおもしろい映画やってるかなと思って

かんたん解説　相手のセリフ：뭐 봐?

文法解説　**「思う」という意味の - 싶다 の使い方**

싶다は「～したい」を意味する - 고 싶다でおなじみですが、「～と思う」の意味で使うときもあります。(動詞) - 나? (～かな?) のような独り言の後ろにつけて、나 싶다 (～かなと思う) という形でよく使います。

비가 오나 싶어서 창문을 열어 봤어요 . 雨が降っているのかなと思って窓を開けてみました。

これも言ってみよう!

☐ **ホラー以外なら何でも観ます。**

コンポ ヨンファ マルゴ タ ポァヨ
공포 영화 말고 다 봐요 .

ホラー映画は공포 영화 (恐怖映画) と言います。

☐ **来週公開される映画めちゃくちゃ観たいです!**

タウム チュエ ケボンハヌン ヨンファ ノム ポゴ シポヨ
다음 주에 개봉하는 영화 너무 보고 싶어요 !

日本語の「公開される」は、韓国語で개봉 하다 (封切する、公開する) になります。

☐ **この人 (俳優) が出てる映画は絶対観ています。**

イ サラミ ナオヌン ヨンファヌン ッコク チェンギョ ポァヨ
이 사람이 나오는 영화는 꼭 챙겨 봐요 .

챙겨 보다 (欠かさず見る)。챙기다はそのあとにくる動作を欠かさず行うという意味。밥을 챙겨 먹다 (ごはんを欠かさず食べる)、약을 챙겨 먹다 (薬を欠かさず飲む)。

「見たい映画があるなら観に行こう」と誘われた。

10/2

クロム　イゴ　ポルレ　アッカ　イェゴピョン　ポァッヌンデ
그럼 이거 볼래？ 아까 예고편 봤는데

チェミイッケットラゴ
재미있겠더라고！

じゃ、これ観る？　さっき予告編見たけどおもしろそうだったよ！

かんたん解説 예고편（予告編）。相手のセリフ：보고 싶은 거 있으면 보러 가자.

文法解説 **ネイティブのように話せる語尾 - 겠더라고**

- 겠더라고で「～そうだなと思った」という意味になります。これは推測を表す語尾겠に、過去に新しく知ったこと、過去に感じた感想を言う더라、더라고、더라고요を接続した形。- 겠더라고の - 部分には形容詞が入ります。「思う」という単語は入っていませんが、더라の中に「～だと思った、～だと感じた」という意味が含まれています。

これも言ってみよう！

□ **映画の趣味が似てますね。**

ヨンファ　チィヒャンイ　ピスッタネヨ
영화 취향이 비슷하네요.

好みとしての趣味を言うときは취향（趣向）と言います。취미（趣味）は使いません。

□ **映画はやっぱり映画館で観るべきでしょう。**

ヨンファヌン　ヨンファグァネソ　ポァヤ　チェ　マシヂョ
영화는 영화관에서 봐야 제 맛이죠.

-아/어야 제 맛이죠は「ちゃんと楽しむにはやっぱり～するべきでしょう」という意味です。

□ **じゃ、これで予約しますね。**

クロム　イゴルロ　イェメハルケヨ
그럼 이걸로 예매할게요.

チケットの予約は예매（予買）と言います。

アプリで予約しよう。あれ、思ったより残席が少ないみたい…。

10/3

ピョンイリラソ　チャリ　マヌル　チュル　アランヌンデ
평일이라서 자리 많을 줄 알았는데 ,

イ　ヨンファ　センガクポダ　インキ　マンクナ
이 영화 생각보다 인기 많구나 .

平日だから残席多いと思ったのに、この映画思ったより人気あるんだな

かんたん解説 잔여석（残席）という単語がありますが、日常会話では자리（席）가 있다／없다、자리가 많다 / 적다という言い方が一般的。「空席」は빈 자리。

文法解説 「～なんだな」を表す - 구나

- 구나は、新しいことを知ったときに「～なんだな」などと独り言の感嘆詞のように言う語尾です。動詞につける場合は - 는 구나、形容詞につける場合は語幹にそのまま接続します。過去形「～したんだ、～だったんだ」と言うときは動詞と形容詞の過去形았 / 었の形に接続します。

これも言ってみよう！

☐ **思ったより空いていますね。**

センガクポダ　サラミ　ピョルロ　オムネヨ
생각보다 사람이 별로 없네요 .

客が少なくて「空いている」は사람이 별로 없다（人があまりいない）と言います。

☐ **どんな話でしょう？　楽しみです！**

オットン　ネヨンイルカヨ　キデドェヨ
어떤 내용일까요？　기대돼요 !

名詞+일까요?（～でしょう?、～でしょうか?）

☐ **見やすい席がとれてよかったですね。**

チャル　ポイヌン　チャリ　チャバソ　タヘンイエヨ
잘　보이는 자리 잡아서 다행이에요 .

잘 보이는 자리は舞台や映画がよく見える席を意味する좋은 자리（いい席）でもOK。

10/4

映画が終了。
感想を聞かれた。

途中ちょっともやもやしたけど、
まあまあよかったよ

10/5

鑑賞後、近くのカフェへ。「映画『パラサイト』がアカデミー賞を獲ったの知ってる?」と興奮して話す友人。

今それ知ったの?

映画が終了。感想を聞かれた。

10/4

チュンガネ チョム タプタペンヌンデ ポル マンヘッソ
중간에 좀 답답했는데 볼 만했어 .

途中ちょっともやもやしたけど、まあまあよかったよ

かんたん解説 답답하다「もやもやする、もどかしい、すっきりしない」。

文法解説 「まあまあよかった」を意味する - ㄹ / 을 만하다

- ㄹ / 을 만하다という表現はすごくよかったときや強くおすすめしたい場合はあまり使いませんが、「後悔はない、悪くない」という意味でよく使います。괜찮다にもまあまあよいというニュアンスがありますが,괜찮다は予想していたよりずっとよいと思ったときにも使うので、言い方によって「まあまあいい」の意味になったり、「すごくいい」という意味にもなります。

これも言ってみよう!

☐ あまりにも非現実的で、感情移入できなかったです。

ノム ピヒョンシルチョギラソ カムヂョンイイピ アン ドェッソヨ
너무 비현실적이라서 감정이입이 안 됐어요 .

☐ 感動的でした! 最後のシーンでボロボロ泣きました。

カムドンチョギオッソヨ マヂマク チャンミョネソ ポンポン ウロッソヨ
감동적이었어요 ! 마지막 장면에서 펑펑 울었어요 .

감동 (感動)、장면 (場面、シーン)、펑펑 울다 (ボロボロ泣く)。

☐ 結末が後味が悪かったです。

キョルマリ チョム ッチプチペッソヨ
결말이 좀 찝찝했어요 .

찝찝하다 (後味が悪い)。

鑑賞後、近くのカフェへ。「映画『パラサイト』が
アカデミー賞を獲ったの知ってる?」と興奮して話す友人。

10/5

イヂェ　アラッソ
이제 알았어?

今それ知ったの?

かんたん解説　相手のセリフ:영화 '기생충' 말이야. 아카데미상 받은 거 알아?

文法解説　**이제 と 벌써 の使い方**

이제と벌써はどちらも日本語で「もう」を意味しますが、使い方が違います。이제は「そんなに遅く、今さら、今から、これから、そろそろ、いい加減に」、벌써は「そんなに早く、とうに、すでに」という意味があります。上の例文の이제は「遅い」の意味で、「知ったの遅くない?」というニュアンスを表しています。

これも言ってみよう!

☐ **途中寝ちゃって何が何だかわかりませんでした。**

チュンガネ　チャソ　ムォガ　ムォンヂ　ハナド　モルゲットラゴヨ
중간에 자서 뭐가 뭔지 하나도 모르겠더라고요.

뭐가 뭔지 하나도 모르겠다(何が何だかわからない)はよく使うので丸ごと覚えて!

☐ **その映画まだ観てないの私だけ?**

ク　ヨンファ　チョマン　アヂㇰ　アン　ボァッソヨ
그 영화 저만 아직 안 봤어요?

直訳では「その映画、私だけまだ観てない?」。아직 안 - 았 / 었어(まだ〜していない)。

☐ **主人公(の人)どっか(ほかの作品で)で見たけど、どこで見たっけ?**

チュインゴン　オディソ　ポァッヌンデ　オディソ　ポァットラ
주인공 어디서 봤는데, 어디서 봤더라?

뭐、누구、언제、어디などの疑問詞に더라?をつけると、独り言で何かを思い出そうとするニュアンスになります。

「日本でもよく映画館に行ってたの?」と聞かれて。

10/6

ハン ダレ ハン ポヌン ッコク ポロ ガッソッソ
한 달에 한 번은 꼭 보러 갔었어 .

月に１回は必ず観に行ってたよ

かんたん解説 過去に「〜していた」は았 / 었었다。「前していたけど、今は違う」というニュアンスもあります。相手のセリフ：일본에서도 영화관에 자주 갔었어?

文法解説 **「必ず」のいろいろな言い方**

「必ず」には꼭、반드시などがありますが、日常会話では꼭を使います。반드시は比較的に硬い言葉で義務や強い意志を表すニュアンスがあり、口語ではあまり使われません。

これも言ってみよう!

☐ **映画にあまり興味がなかったです。**

ヨンファエ ピョルロ クァンシミ オプソッソヨ
영화에 별로 관심이 없었어요 .

「あまり」は별로、그다지をよく使います。흥미（興味）より관심（関心）を使うことが多いです。

☐ **映画館で観るより家で観るのが好きです。**

ヨンファグァネソ ポヌン ゴッポダ チベソ ポヌン ゲ チョアヨ
영화관에서 보는 것보다 집에서 보는 게 좋아요 .

「〜するより」と言いたいときは、動詞に -는 것보다をつけます。

☐ **映画館で観るほうが集中できていいです。**

ヨンファグァネソ ポヌン ゲ チプチュンイ チャル ドェソ チョアヨ
영화관에서 보는 게 집중이 잘 돼서 좋아요 .

집중이 잘 되다（集中できる）。

Dahee's KOREA REPORT 10

助詞「で」の使い分け

日本語の「〜で」は手段や人数、原因・理由など、1語でさまざまな使い方ができますが、韓国語に訳すときは目的に合わせて使い分ける必要があります。韓国語の「〜で」はたくさんあるので、慣れるためにはいろいろなシチュエーションを想像しながら文章をたくさん作ってみるのをおすすめします。

場所

公園で散歩をしました

コンウォネソ　サンチェケッソヨ
공원에서 산책했어요 .

手段・材料

会社まで地下鉄で行きます

フェサッカジ　チハチョㇽロ　カヨ
회사까지 지하철로 가요 .

木で作られています

ナムロ　マンドゥロヂョッソヨ
나무로 만들어졌어요 .

期間・期限

一週間で作りました

イルチュイㇽマネ　マンドゥロッソヨ
일주일만에 만들었어요 .

人数

3人で遊びました

セシソ　ノラッソヨ
셋이서 놀았어요 .

原因・理由

仕事で行けませんでした

イㇽ　ッテムネ　モッ　カッソヨ
일 때문에 못 갔어요 .

心配で寝られません

コㇰチョンドェソ　チャミ　アナヨ
걱정돼서 잠이 안 와요 .

TRACK 11

見ず知らずの人へのちょっとした声がけから、立ち話などに役立つ短い雑談フレーズです。韓国でも天気の話は雑談の定番テーマです。

ちょっとした一言

11/1
前を歩いていた人が
財布を落とした！
すみません～、財布落としましたよ
11/2
あ、あの人、傘を忘れてる！
追いかけなきゃ！
あの、傘忘れてますよ！
11/3
やっと空席が見つかった。
席に着いて一言。
あ～疲れた～

前を歩いていた人が財布を落とした！

11
1

チョギヨ　チガブ　ットロットゥリショッソヨ
저기요 , 지갑 떨어뜨리셨어요 .

すみません〜、財布落としましたよ

かんたん解説　「落とす」は떨어뜨리다、「落ちる」は떨어지다。

文法解説　**知らない人を呼ぶときの注意は？**

店員さんや知らない人に呼びかけるときは저기、저기요（あの、すみません）が一般的。죄송합니다（すみません）はお詫びをするときにしか使いません。相手と自分の年齢によっても呼びかけ方が変わり、高齢の方には어르신、学生には학생と言ったりします。その人が実際に学生ではなくても、学生のように見えれば학생と呼んでも失礼に当たりません。

これも言ってみよう！

☐ **あの、この近所にコンビニありますか？**

チョギ　ホクシ　イ　クンチョエ　ピョニヂョム　イッソヨ
저기 , 혹시 이 근처에 편의점 있어요 ?

혹시（もしかして）は知らない人に控えめにたずねるときのクッション言葉です。

☐ **あの、すみませんが、写真撮っていただけますか？**

チェソンハンデ　ホクシ　サヂン　チョム　ッチゴ　ヂュシル　ス　イッスルカヨ
죄송한데 , 혹시 사진 좀 찍어 주실 수 있을까요 ?

直訳すると「写真撮ってくださることはできますでしょうか？」。

☐ **鞄が開いてますよ。**

カバン　ヨルリョ　イッソヨ
가방 열려 있어요 .

열리다（開く）＋動作が完了した状態が続く-아/어 있다（〜ている）を使います。

あ、あの人、傘を忘れてる！　追いかけなきゃ！

11 / 2

チョギ　ウサン　トゥゴ　ガショッソヨ
저기 , 우산 두고 가셨어요 !

あの、傘忘れてますよ！

文法解説　**-고 のさまざまな使い方**

-고 가다 (〜て行く) のほかにも、-고 타다 (〜て乗る)、-고 나가다 (〜て出かける) のように移動のニュアンスがある単語 (가다、오다、나가다、타다) をよく使います。

그건 기내에 들고 타면 안 돼요 . それは機内に持ち込みできません。

모자를 쓰고 나갔어요 . 帽子をかぶって出かけました。

これも言ってみよう！

☐ **この鞄、あなたのですか？**

イ　カバン　チュイニセヨ
이 가방 주인이세요 ?

주인 (主人＝持ち主)。韓国語には知らない人に対して「あなたのですか？」と言える適切な言葉がないので주인이세요？ (持ち主ですか？) で覚えておきましょう。

☐ **ここにあったショッピングバック見ませんでしたか？**

ヨギ　イットン　ショッピンベクモッ　ポショッソヨ
여기 있던 쇼핑백 못 보셨어요 ?

直訳だと「見ることができませんでしたか？」。안 봤어요？ だと「わざと見ないようにしましたか？」という意味になるので気をつけましょう。

☐ **もしかしてこれ探していますか？**

ホクシ　イゴ　チャッコ　ゲセヨ
혹시 이거 찾고 계세요 ?

찾고 있다 (探している) をていねいに言うと찾고 계시다 (探していらっしゃる) になります。

やっと空席が見つかった。席について一言。

11/3

아~ 피곤하다 .

(ア ピゴナダ)

あ～疲れた～

かんたん解説 "今"疲れているときでも日本語では「疲れた」と過去形を使いますが、韓国語では現在形を使います。

文法解説

感想を言う独り言は原形でOK

「疲れた～」「暑い～」「おいしい！」といった独り言を韓国語で言うときは、피곤하다～、덥다～、맛있다！ と形容詞の原形をそのまま使います。通常、韓国語の動詞・形容詞は原形のまま使えませんが、独り言で形容詞の感想を言うときに限ってそのまま使えます。

これも言ってみよう！

☐ **眠い～。**

잠 온다 .

(チャム オンダ)

直訳では「眠気が来た」。잠 와 . でもOKです。

☐ **やっと座れた！**

드디어 앉았다 !

(トゥディオ アンヂャッタ)

「やっと、ようやく」は드디어、겨우をよく使います。

☐ **歩きすぎて足がめちゃくちゃむくみました。**

너무 많이 걸어서 다리가 띵띵 부었어요 .

(ノム マニ コロソ タリガ ティンティン プオッソヨ)

띵띵は붓다（むくむ）を強調する副詞です。

11
4
アルバイト先のエレベーターホールで他部署の顔見知りと出会った。
寒くなりましたね
11
5
「最近どう?」と聞かれた…。
寝ても寝ても疲れがとれなくて…
11
6
エレベーターが到着。
別れ際に一言。
今度おいしいものでも食べに
行きましょう。では〜

アルバイト先のエレベーターホールで他部署の顔見知りと出会った。

11/4

チョム　ツサルサレヂョンネヨ
좀 쌀쌀해졌네요 .

寒くなりましたね

かんたん解説 「肌寒い」は쌀쌀하다を使います。춥다（寒い）を使う場合は추워졌네요（寒くなりましたね）になります。

文法解説 **状態の変化を表す - 아 / 어 지다**

「暑くなる、寒くなる」といった状態の変化を言うときは、- 아 / 어 지다（〜になる）を使い、おもに形容詞と接続します。「なる」という意味の単語に되다もありますが、こちらは大人になる、先生になるというときの「なる」で使います。

これも言ってみよう！

☐ **いい天気ですね。**

ナルシ チョンネヨ
날씨 좋네요 .

날씨가 좋아요（晴れです）でもOKです。

☐ **急に激しく降ってきましたね。**

カプチャギ ピガ ッソダヂネヨ
갑자기 비가 쏟아지네요 .

쏟아지다（降り注ぐ）。

☐ **今日も蒸し蒸ししますね。**

オヌルド プクプク ッチネヨ
오늘도 푹푹 찌네요 .

蒸し暑いは찌다（蒸す）を強調して푹푹 찌다と言います。

「最近どう？」と聞かれた…。

チャド　チャド　ピゴニ　アン　プルリョヨ
자도 자도 피곤이 안 풀려요 .

寝ても寝ても疲れがとれなくて…

かんたん解説　相手のセリフ：요즘 어때요？

文法解説　**풀리다 のいろいろな使い方**

풀리다には「(疲れが) とれる」以外に「ほどける、(気分が) 晴れる、(ストレスが) 解消する、(気温が) 和らぐ、(問題が) 解ける」などの意味があります。一緒に풀다 (疲れをとる、ほどく、ほぐす、解くなど) の意味も覚えてしまいましょう。

これも言ってみよう！

□ **だいぶこっちの生活になれました。**

ヨギ　センファルド　マニ　イクスケヂョッソヨ
여기 생활도 많이 익숙해졌어요 .

익숙해지다 (慣れる)。익숙하다 (慣れている) と混同しないように気をつけて！

□ **アルバイトが忙しくてバタバタしています。**

アルバ　ッテムネ　ヂョンシン　オプシ　チネゴ　イッソヨ
알바 때문에 정신 없이 지내고 있어요 .

정신 없이 지내다 (バタバタして過ごす)。정신 없다は直訳で「精神がない」。

□ **ぼちぼちかな。**

クニャン　クロチョ　ムォ
그냥 그렇죠 뭐 .

뭐は「まあ」のような感じです。「まあまあだ」は그냥 그렇다 / 그저 그렇다をよく使います。

エレベーターが到着。別れ際に一言。

11/6

タウメ　カチ　マシンヌン　ゴ　モグロ　カヨ
다음에 같이 맛있는 거 먹으러 가요 !

クロム　トゥロガセヨ
그럼 , 들어가세요 .

今度おいしいものでも食べに行きましょう。では〜

かんたん解説 안녕히 가세요というおなじみの挨拶も使えますが、조심히 들어가세요（お気をつけてお帰りください）を短くしたのが들어가세요です。

文法解説 「今度」は 이번？ それとも 다음？

이번と다음はどちらも「今度」を意味しますが、すでに決まった予定である場合は이번、いつ会うかはっきり決まっていない場合は다음を使います。
今度海外に出張に行くことになりました → 決まった予定
이번에 해외 출장을 가게 됐어요 .
また今度会いましょう → 決まっていない、いつかの予定
다음에 또 봐요 .

これも言ってみよう！

□ 今度コーヒーでも飲みに行きましょう。

タウメ　コピラド　ハンヂャンヘヨ
다음에 커피라도 한잔해요 .

コーヒーやお酒を飲みに行く場合、한잔하다（一杯飲む）をよく使います。

□ それじゃ、お気をつけて帰ってください。

クロム　チョシミ　トゥロガセヨ
그럼 조심히 들어가세요 .

조심히 들어가세요（お気をつけてお帰りください）は決まり文句です。

11/7
「時々ホームシックになる」
と友だちに言われた。
私もその気持ちわかるよ
11/8
話そうとしたことを忘れちゃった。
あれ、あるじゃん。
あれだよ、あれ
11/9
少し高度なことを質問されて
しまった。どうしよう…。
えーっと、なんて
言えばいいんだろう…

「時々ホームシックになる」と友だちに言われた。

11/7

チョド ク マウム アラ
저도 그 마음 알아 .

私もその気持ちわかるよ

かんたん解説 相手のセリフ：가끔 향수병에 걸릴 때가 있어요 .

文法解説 「わかります」は 알아요 じゃだめ？

日本語では「その気持ちわかる」を短くして「わかる」と言うことが多いと思います。ですが、韓国語では알아요とは言いません。알아요だけだと「知っています」になるので그 마음 알아요、그 마음 알 것 같아요というフレーズをよく使います。

これも言ってみよう！

□ 心配させたくないです。

コㇰチョンシキゴ シㇷ゚チ アナヨ
걱정시키고 싶지 않아요 .

걱정시키다（心配させる）。

□ 末っ子なんで親がうるさいんです。

マㇰネラソ プモニㇺ カンソビ シメヨ
막내라서 부모님 간섭이 심해요 .

「（親が）うるさい」は간섭이 심하다と言います。直訳すると「干渉が強い」。

□ おふくろの味が恋しいです。

チㇷ゚パビ クリウォヨ
집밥이 그리워요 .

집밥は文字どおり「家のごはん」のことで、いわゆる、お母さんの手料理を指します。

話そうとしたことを忘れちゃった。

11
8

クゴ　イッチャナ　クゴ
그거 있잖아 . 그거 .

あれ、あるじゃん。あれだよ、あれ

かんたん解説 그거 뭐지?（あれ何だろう）、그거 뭐라고 하지?（あれ何て言うんだろう）、그거 뭐더라?（あれ何だっけ）などのフレーズもよく使います。

文法解説 **思い出せなくてもやもやするときの言い方**

「あの〇〇、あれって ...」というような場合、無意識に저（あの）を使っていませんか？この場合は저ではなく그（あの）を使って、그거（あれ）、그 사람（あの人）と言います。一般的に그の意味は「その」ですが、思い出しながら話す場合は「あの」という意味で使います。ちなみに저거は「あそこにあるもの」、저 사람は「あそこにいる人」を意味します。

これも言ってみよう！

☐ **えーと、なんだっけ、ど忘れしました**

ウム　ウォドラ　ッカモゴッソヨ
음… 뭐더라 ? 까먹었어요 .

까먹다(忘れてしまう)はくだけた会話でよく使います。ていねいに言うときは잊어버리다(忘れてしまう)を使いましょう。

☐ **ここまで出かかってるのに**

キオン　ナル　コッ　カトゥンデ
기억 날 것 같은데 .

기억（이）나다（思い浮かぶ、思い出す）。直訳では「思い出せそうなのに」。기억は漢字語の「記憶」。

少し高度なことを質問されてしまった。どうしよう…

11/9

ウム　オットケ　マレヤ　ドェジ
음… 어떻게 말해야 되지 ...

えーっと、なんて言えばいいんだろう…

かんたん解説 語尾に지をつけると独り言の「〜だろうか、〜かな、〜だっけ」という意味になります。

文法解説 「〜すればいい」も意味する - 아 / 어야 되다

– 아 / 어야 되다は「〜するべきだ、しなければならない」という意味でよく使いますが、疑問詞と一緒に使う場合は「〜すればいい」という意味でも使います。

뭐 해야 돼요？　何をすればいいですか？

어떻게 해야 될지 모르겠어요．　どうしたらいいのかわかりません。

これも言ってみよう！

☐ **説明がむずかしいんですけど…。**

ソルミョンハギ　オリョウンデ
설명하기 어려운데…

– 기 어렵다 (〜しにくい)。

☐ **それはですね…。**

クゴン　マリヂョ
그건 말이죠…

説明しにくい話をする場合によく使う表現。このまま覚えておきましょう。

11/10
共通の知人、ジェヨンさんを
誘って遊びに行こうと言われた。
もちろんいいよ!
11/11
気まずいけど相談してみよう…。
あのさ…
一つお願いがあるんだけど…
11/12
あれ、宅配便が届いている
けど…。注文したの私?
何買ったっけ?
また寝ぼけて買ったのかな…

共通の知人、ジェヨンさんを誘って遊びに行こうと言われた。

11/10

ナヤ　チョッチ
나야 좋지 !

もちろんいいよ！

かんたん解説 誘われたときの「いいよ」は좋지／좋지요と返すと「喜んで、もちろん」というニュアンスになります。

文法解説 **言うまでもない！ -(이)야 の使い方**

名詞 -(이)야をつけると「○○（名詞）はもちろん、言うまでもなく当たり前に」という意味で強調して言うことができます。「私はもちろん、こちらこそ」という意味の저야（나야）を使って、저야 고맙죠 / 나야 고맙지 .（こちらこそありがとうございます／ありがとう）と言うことができます。-(이)야を使う場合は語尾が – 지요（죠）、– 지で終わる場合が多いです。
그거야 당연하지 .　そりゃ当たり前だ。
결과야 뻔하죠 .　結果は見なくてもわかります。

これも言ってみよう！

☐ **一応、ジェヨンさんにも声かけてみましょうか？**

イルタン ジェヨン シハンテド マレ ボルカヨ
일단 재연 씨한테도 말해 볼까요 ?

「声をかける」は말을 걸다をよく使いますが、単に会話を始めるために話しかけるという意味で使う言葉なので、このシチュエーションでは말해 볼까?（言ってみようか）、물어 볼까?（たずねてみようか）のほうが自然。

☐ **ジェヨンさん、今週ずっと忙しいって言ってましたよ。**

ジェヨン シ イボン チュ ネネ パップダゴ ヘッソヨ
재연 씨 이번 주 내내 바쁘다고 했어요 .

「ある期間や時期においてずっと」と言いたい場合は、期間を表す言葉のあとに내내をつけます。한 달 내내（1か月間ずっと）、일 년 내내（1年間ずっと）。

気まずいけど相談してみよう…。

イッチャナ　プタギ　ハナ　インヌンデ
있잖아 , 부탁이 하나 있는데…

あのさ…一つお願いがあるんだけど…

かんたん解説 하나 부탁이 있는데（一つお願いがあるんだけど）という語順でも伝わりますが、부탁이 하나 있는데のほうが一般的です。

文法解説 「あのさ」を表す 저기、있잖아

「あのさ、あのね」と呼びかけるときは韓国語で저기、있잖아を使います。言いにくいことがあって言おうか迷うときや、言葉に詰まって時間稼ぎが必要なときにも使います。時間稼ぎの言葉で、부탁이 하나 있는데 말이야 ...（一つお願いがあるんだけどさ）のように、文章の最後に말이야をつけることもあります。日本語の「～さ、～ね」に似ています。

これも言ってみよう！

□ **ちょっと頼みにくいんだけど…。**

イロン　プタケソ　ミアナンデ
이런 부탁해서 미안한데…

直訳では「こんなお願いをして悪いけど」。ていねいに言いたい場合は最後の미안한데を죄송한데に変えて言います。

□ **こういう話できる人が優子しかいなくて…。**

イロン　イヤギ　ハル　ス　インヌン　サラミ　ユコパッケ　オプソソ
이런 이야기 할 수 있는 사람이 유코밖에 없어서…

- 밖에 없다（～しかない、～しかいない）。

11/12

ムォ　サットラ
뭐 샀더라?

ット　チャムキョレ　サンナ
또 잠결에 샀나 ...

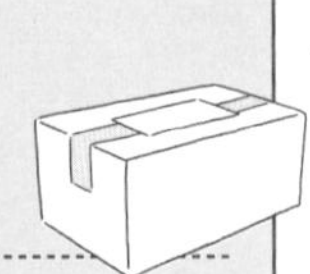

何買ったっけ？　また寝ぼけて買ったのかな…

かんたん解説　잠결에（寝ぼけて）の결は濃音［껼］のように発音します。

文法解説　「何だっけ？」「誰だっけ？」に使える -더라?

疑問詞に -더라?をつけると、過去に経験したこと、忘れていることを思い出そうとして独り言のように言うことができます。
뭐더라?（何だっけ）、누구더라?（誰だっけ）、
언제더라?（いつだっけ）、어제 뭐 먹었더라?（昨日何食べたっけ）

これも言ってみよう！

□ **買った覚えがないです。**

サン　キオギ　オㇷ゚ソヨ
산 기억이 없어요 .

直訳では「買った記憶がないです」。

□ **私宛じゃないです。配送ミスみたいです。**

チョハンテ　オン　ゲ　アニエヨ　ペソンイ　チャㇽモッドェンナ　ボァヨ
저한테 온 게 아니에요 . 배송이 잘못됐나 봐요 .

何かが順調ではなく、トラブルが生じた場合、잘못되다と言います。- 았 / 었 나 봐요（～したみたい）。

Dahee's KOREA REPORT 11

韓国ではあまり使わない外来語、漢字語②

日本ではよく使うけど韓国ではあまり使わない外来語といえば、「チャージ」「ランチ」「スイーツ」が代表的です。

日本では、電車に乗るときに使うICカードを「チャージ」すると言いますよね。韓国では漢字で「充塡」と書き「충전」と言います（144ページ参照）。「ランチ」はメニューにこそ書いてあることもありますが、「ランチ行こう！」などと会話で使うことはめったにありません。昼ごはんという意味の「점심」というのが一般的です。

そして「スイーツ」は甘いものという意味なら「단 거」、食後に食べるものなら「디저트」と言う場合が多いです。

次に漢字語です。たとえば「動画」「就職活動」「優先席」。韓国語ではそれぞれ「동영상」「취업준비」「노약자석」と言います。動画は「動映像」、就職活動は「就業準備」、優先席は「老弱者席」という漢字語を使います。

日本に和製英語があるように、韓国にも韓国でしか通じないような外来語がたくさんあります。ですから、通じなくてもあわてたり、はずかしがる必要はありません。新しい表現が学べるチャンスと思ってくださいね。

TRACK 12

友人・テヨン主宰の飲み会へ。飲み会やカラオケなどで「そういうこと韓国語で言ってみたかった！」というフレーズを集めました。

飲み会に参加

テヨンに「明日時間ある?」
と聞かれた。

バイト休みだから時間あるけど、
どうして?

12
2

飲み会があるらしい。
「お店はここね」と指示された。
ってここ、先週も行った!

また?
この前行ったばかりじゃない!

12
3

予定よりずいぶん遅れちゃった。
あ、着信だ。「今どこ? みんな
集まってるよ〜」

バイト終わって着替え中だよ。
すぐ行くね!

テヨンに「明日時間ある？」と聞かれた。

12/1

アルバ　シュィヌン　ナリラソ　シガン　マヌンデ
알바 쉬는 날이라서 시간 많은데 ,

ウェ
왜 ?

バイト休みだから時間あるけど、どうして？

かんたん解説　相手のセリフ：내일 시간 돼?、내일 시간 있어?

文法解説　**相手を誘う＆誘われたときのフレーズ**

「時間ある?」と聞かれた場合、시간 있어（時間あるよ）より시간 많아（時間ならたくさんあるよ）と答えたほうが相手が誘いやすくなります。ちなみに、내일 뭐해?（明日何する?）と聞かれて「暇だよ」と答えたい場合は딱히 약속은 없는데, 왜?（とくに予定はないけど、どうして？）、딱히 할 건 없는데 , 왜?（とくにすることはないけど、どうして？）というふうに返します。

これも言ってみよう！

☐ **あーすみません、先約がありまして。**

チェソンヘヨ　ソニャギ　イッソソヨ
죄송해요 . 선약이 있어서요 .

선약（先約）。

☐ **時間がつくれるかどうかはっきりわからなくて。**

シガニ　トェルチ　ア　ドェルチ　ファ　シリ　モルゲッソヨ
시간이 될지 안 될지 확실히 모르겠어요 .

「時間がつくれる、時間は大丈夫」というときに시간이 되다とよく言います。확실히は直訳だと「確実に」を意味します。

☐ **明日改めて連絡しますね。**

ネイル　タシ　ヨルラカルケヨ
내일 다시 연락할게요 .

あらためては다시（また）を使います。

飲み会があるらしい。「お店はここね」と指示された。
ってここ、先週も行った！

12
2

ット　ヨギヤ
또 여기야？

オルマ　チョネ　カッチャナ
얼마 전에 갔잖아！

また？　この前行ったばかりじゃない！

かんたん解説　相手のセリフ：여기로 오면 돼．

文法解説　「〜じゃん」を表す - 잖아

相手に同意を求めて「〜じゃない、〜じゃないか」と言う場合、語尾に - 잖아をつけます。現在形は語幹に接続し、過去形の場合は - 았 / 었잖아の形に。名詞のあとにつける場合は、現在形なら -（이）잖아、過去形は - 였 / 이었잖아という形になります。

これも言ってみよう！

☐ **またここですか？　ほかのお店にしましょうよ。**

ット　ヨギイェヨ　タルン　デ　カヨ
또 여기예요？ 다른 데 가요．

데は「ところ」を意味。다른 데（ほかのところ）は다른 가게（ほかのお店）と言っても大丈夫！

☐ **ここおいしいんですけど、先週2回も行って…。**

ヨギ　マシッキン　ハンデ　チョボン　チュエ　トゥ　ボニナ　カソ
여기 맛있긴 한데，저번 주에 두 번이나 가서…

맛있긴（맛있기는の略）한데は「おいしいことはおいしいけど」を意味します。

☐ **私もここ（このお店）好きです！　毎日食べても飽きなそうです！**

チョド　ヨギ　チョアヘヨ　メイル　モゴド　アン　チルリル　コッ　カタヨ
저도 여기 좋아해요！ 매일 먹어도 안 질릴 것 같아요！

질리다（飽きる）。

予定よりずいぶん遅れちゃった。あ、着信だ。
「今どこ？　みんな集まってるよ～」

12/3

アルバ　ックンナゴ　オッ　カライムヌン　チュンイヤ
알바 끝나고 옷 갈아입는 중이야 .

クンバン　カルケ
금방 갈게 !

バイト終わって着替え中だよ。すぐ行くね！

かんたん解説 갈다（別のものに替える、新しいものに交換する）+입다で갈아입다（着替える）。ほかにも갈다と合わせて使う単語に갈아타다（乗り換える）、갈아끼우다（部品などを交換する）などがあります。
相手のセリフ：지금 어디야？　우린 다 모였어 .

文法解説 **금방 はどんなときに使う？**

금방は「すぐ」という意味で、とくに「できるだけ短い時間で」というニュアンスで使う場合が多いです。금방 갈게と言えば「できるだけすぐ到着できるようにする、あまり遅くならないように急いで行く」という意味になります。

これも言ってみよう！

□ **今向かっています。**

チグム　カゴ　イッソヨ
지금 가고 있어요 .

가고 있다（向かっている）。

□ **先に飲んでてください。**

モンヂョ　トゥシゴ　ゲセヨ
먼 저 드시고 계세요 .

드시다は마시다 / 먹다（飲む / 食べる）の、계시다は있다（いる）の尊敬語です。タメ口の場合は마시다（飲む）を使って、먼저 마시고 있어（先に飲んでて）と言います。

あ～お腹減った。
食べ物注文しよう。

苦手なものはないですか？

飲み会終了。
「もう1軒行こうよ」と誘われて。

私はそろそろ帰らないと

結局、みんな帰ることになった。

みんな気をつけて帰って！
家に着いたら連絡（カトク）
してね

あ〜お腹減った。食べ物注文しよう。

12/4

モッ　モンヌン　ゴ　イッソヨ
못 먹는 거 있어요？

苦手なものはないですか？

かんたん解説 直訳では「食べられないものありますか？」。싫어하는 음식 있어요？（嫌いな食べ物はないですか？）もよく使います。

文法解説
韓国語で「苦手」と言うのはむずかしい？

じつは日本語の「苦手」に相当する韓国語はありません。そのためシチュエーションによって、「苦手」を具体的に伝える必要があります。たとえば「上司が苦手」なら、怖くてなのか、ただ嫌いなのか、どう接すればいいかわからないからなのかを具体的に言うのがポイント。
食べ物が苦手という場合も、次のように伝えます。
알레르기가 있어서 못 먹어요．アレルギーがあって食べられません。
식감이 싫어서 잘 안 먹어요．食感が好きじゃなくてあまり食べません。
냄새가 나서 싫어해요．匂いがして嫌いです。

これも言ってみよう！

☐ **私はなんでも食べられます。**

チョヌン　タ　チャル　モゴヨ
저는 다 잘 먹어요．

直訳では「全部よく食べます」。偏食せず何でも食べると言うときのフレーズです。

☐ **お酒を飲むと気持ち悪くなるので苦手です。**

スルマシミョン　ソギ　アン　チョアヂョソ　チャル　アン　マショヨ
술마시면 속이 안 좋아져서 잘 안 마셔요．

食べすぎで気持ち悪くなったり、吐き気がしそうなときに속이 안 좋다と言います。속は「胃」のこと。

飲み会終了。「もう1軒行こうよ」と友人に言われて。

ナン　イジェ　スルスル　カ　ボァヤゲッソ
난 이제 슬슬 가 봐야겠어 .

私はそろそろ帰らないと

かんたん解説　相手のセリフ：삼차 가자！
「もう1軒行こう」という表現はなく、○차（○次会）と言います。

文法解説　先に帰るときの一言、가 보다

会話で「先に帰る」と言うときは가다（帰る）ではなく、가 보다を使うのが一般的です。슬슬 가 봐야겠어（そろそろ帰らないと）、나 먼저 가 볼게（先に帰るね）というフレーズをよく使います。ていねいに言いたいときは슬슬 가 봐야겠어요、먼저 가 볼게요と요をつけて言いましょう。

これも言ってみよう！

□ 帰りが12時過ぎると母に怒られます。

ヨルトゥシ　ノモソ　チベ　カミョン　オンマハンテ　ホンナヨ
12 시 넘어서 집에 가면 엄마한테 혼나요 .

直訳では「12時過ぎて家に帰ると」。両親や先生に怒られる（叱られる）は혼（이）나다。

□ 今日はもう疲れました。お先に失礼します。

オヌルン　ピゴネソ　アン　ドェゲッソヨ　チョ　モンヂョ　カルケヨ
오늘은 피곤해서 안 되겠어요 . 저 먼저 갈게요 .

안 되겠다は「もうダメ、もう限界！」というときに使うフレーズです。

□ 終電がなくなりますよ。

マㇰチャ　ックンキョヨ
막차 끊겨요 .

끊기다は「切れる、途切れる」という意味。막차가 끊기다（終電がなくなる）で覚えて。

12/6

タドゥル　チョシミ　カゴ
다들 조심히 가고，
チプ　トチャカミョン　トケ
집 도착하면 톡해！

みんな気をつけて帰って！　家に着いたら連絡（カトク）してね

文法解説　語尾 -아 / 어 のいろいろな使い方

語尾 -아 / 어（〜するよ、〜だよ）にはいろいろな使い方があり、約束やお願い、命令をする場合（してね〜）、勧誘する場合（〜しようよ）も使うことができます。-아 / 어요でも同様です。どっちの意味で使われたのかは会話の文脈で判断できます。
도착하면 전화해（전화해요）．着いたら電話してね（電話してくださいね）。
난 좀 이따 갈 테니까 먼저 가（먼저 가요）．私はあとから行くから、先に行って（先に行ってください）。
같이 가（가요）．一緒に行こうよ（行きましょうよ）。

これも言ってみよう！

□ 寒いので風邪ひかないように気をつけてください。

チュウニカ　カムギ　アン　コルリゲ　チョシマセヨ
추우니까 감기 안 걸리게 조심하세요．

動詞 -게（〜ように）は目的や条件などを言うときに使います。

□ 同じ方向でしょう？　一緒に帰りましょう。

カトゥン　パンヒャンイヂョ　カチ　カヨ
같은 방향이죠？ 같이 가요．

「でしょう？」と確認をするときは -지요？を使います。会話では短く -죠？でOK。

□ 2号線に乗る人？

イホソン　タシヌン　プン
이호선 타시는 분？

타시는（乗られる）분（方）。

アルバイトの休憩時間に着信。
カラオケに誘われた。

バイトあとちょっとで終わるんだ。
あとで合流するね

12/8

友だちが歌うK-POPの曲を
聴いて。

これ、学生時代によく聴いてた曲だ!

12/9

みんな歌がめちゃくちゃ
うまい!

韓国人で歌（が）ヘタな人見たこと
ないですよ

アルバイトの休憩時間に着信。カラオケに誘われた。

12/7

알바 곧 마치거든 .

(アルバ　コッ　マチゴドゥン)

이따가 합류할게 .

(イッタガ　ハムニュハルケ)

バイトあとちょっとで終わるんだ。あとで合流するね

かんたん解説　합류할게（合流するね）の代わりに、이따가 거기로 갈게（あとでそっちに行くね）と言ってもＯＫです。

文法解説　「あとで」を表す 이따가 と 나중에

「あとで」は이따가と나중에をよく使いますが、使い方が少し違います。数分後に、数時間後に、今日中に、とその日に限った約束をする場合の「あとで」は이따가、いつになるか未定ではっきり約束できない場合は나중에を使います。

これも言ってみよう！

□ **今店長と話し中で、あとで電話しますね。**

(チグム　チョムヂャンニマゴ　イェギ　チュンイラソヨ　チョム　イッタ　チョヌァハルケヨ)

지금 점장님하고 얘기 중이라서요 , 좀 이따 전화할게요 .

会話では이야기を얘기、이따가を이따と略して言う場合が多いです。

□ **場所は明日決めましょうね。**

(チャンソヌン　ネイル　ヂョンヘヨ)

장소는 내일 정해요 .

정하다（決める）。

□ **あと誰が来るの？**

(ット　ヌグ　ヌグ　ワ)

또 누구 누구 와 ?

複数で「あと誰と誰が来るの？」と言うときの言い方。来る人が一人の場合は누가 와？

友だちが歌うK-POPの曲を聴いて。

12/8

イゴ　ハㇰセン　ッテ　マニ　トゥットン　ノレダ

이거 학생 때 많이 듣던 노래다！

これ、学生時代によく聴いてた曲だ！

かんたん解説　学生時代は학생 때 (学生のとき)、학창시절とも言います。「学生時代」を直訳すると학생시대ですが、韓国語で시대 (時代) は歴史の時代を言うときに使う言葉です。「学生時代」と言うときは使いません。

文法解説　**思い出話をするときによく使う　- 던**

昔よくしていた何かについて語りたいときに - 던を使います。- 던の前は動詞の原形が接続します。過去形 - 았 / 었던という形だと昔の一度きりの経験を言うときもありますので、よくしていたことを話すときには자주 (しょっちゅう) という単語と一緒に使いましょう。そうすれば昔よくしていたこととして伝えることができます。

これも言ってみよう！

□ **この曲懐かしいですね。**

イ　ノレ　トゥルニカ　イェンナル　センガㇰ　ナネヨ

이 노래 들으니까 옛날 생각 나네요 .

옛날 생각 (이) 나다 (懐かしい)。直訳では「この曲聴いたら昔を思い出します」。

□ **これドラマの曲ですよね！**

イゴ　ドゥラマ　ヨッチョ

이거 드라마 OST 였죠 ?

ドラマの挿入歌のことをOST (Original Sound Track) と言います。

みんな歌がめちゃくちゃうまい！

12/9

ハングク　サラム　チゴ　ノレ　モッタヌン　サラムル
한국 사람 치고 노래 못하는 사람을
ポン　チョギ　オプソヨ
본 적이 없어요 .

韓国人で歌（が）ヘタな人見たことないですよ

かんたん解説 だいたい例外なくそうだ、一般的にそうだと思うことについて話すときに○○치고（～はたいてい）を使います。おもに「～で～なことはない」という否定文の形で使います。

文法解説 **経験を表す 적이 있다、적이 없다**

-ㄴ/은 적이 있다（～したことがある）と -ㄴ/은 적이 없다（～したことがない）は過去の経験について言う表現です。会話では、적이 있다/없다の助詞이を省略できます。

これも言ってみよう！

☐ **歌うの好きな人、多いですよね。**

ノレ　プルヌン　ゴ　チョアハヌン　サラミ　マンチョ
노래 부르는 거 좋아하는 사람이 많죠？

動詞の語幹に～는 거をつけると「～するの、～すること」になります。

☐ **私もうまく歌えるようになりたいな。**

ナド　ノレ　チャラゴ　シプタ
나도 노래 잘하고 싶다 .

「歌う」は부르다だけでなく하다も使います。

☐ **アイドル顔負けの実力ですね！**

アイドゥル　ッパムチヌン　シルリョギネヨ
아이돌 뺨치는 실력이네요！

뺨（을）치다（顔負け）。

12/10
この歌、誰かと一緒に
歌いたいな。
誰かこの曲知っている人?
12/11
なんだかのどが渇いて
きちゃった…。
飲み物買ってくるから歌ってて
12/12
0 12
カラオケの残り時間が
あと10分だ!
もう時間かー

12/10

ヌグ　イ　ノレ　アヌン　サラム
누구 이 노래 아는 사람?

誰かこの曲知っている人?

文法解説

「何だっけ?」「誰だっけ?」の会話表現

不特定の「何か、誰か、いつか、どこか」は韓国語で뭔가、누군가、언젠가、어딘가ですが、実際の会話では뭐、누구、언제、어디を使うのが一般的。뭐 갖고 싶은 거 있어요?(何か欲しいものありますか?)、어디 가고 싶은 데 있어요?(どこか行きたい場所ありますか?)となります。

これも言ってみよう!

☐ みんなで一緒に歌いましょうよ。

タ　カチ　プルロヨ
다 같이 불러요!

다 같이(みんなで一緒に)。

☐ はずかしくて一人で歌えませんよ。

ホンジャ　プルギ　プックロウォヨ
혼자 부르기 부끄러워요.

直訳すると「一人で歌うのははずかしいです」。-기 부끄럽다(〜するのがはずかしい)。

☐ 私も一緒に歌いたいです!

チョド　カチ　プルルレヨ
저도 같이 부를래요!

「〜したい」は -고 싶어요ですが、希望より意志に近い場合は -ㄹ/을래요を使います。

なんだかのどが渇いてきちゃった…。

12/11

マシル　コ　サ オル　テニカ　プルゴ　イッソ
마실 거 사올 테니까 부르고 있어 .

飲み物買ってくるから歌ってて

かんたん解説 마실 거 사 올게 . 부르고 있어（飲み物買ってくる。気にしないで歌っててね）と言うこともできます。

文法解説 「〜するから〜して」を表す - ㄹ / 을 테니까

動詞に - ㄹ / 을 테니까をつけると、自分が今からしようと思っていることを伝える（例文だと、飲み物を買ってくる）と同時に、相手に命令、提案、勧誘、お願いをする（例文だと、歌ってて）ことができます。「（私は）〜するから（あなたは）〜して」と訳すことができます。
지금 갈 테니까 기다려 . 今すぐ行くから待ってて。
하는 방법 가르쳐 줄 테니까 같이 게임하자！ やり方教えてあげるから一緒にゲームしよう！

これも言ってみよう！

□ **のど渇いてないですか？**

モ ガン マルラヨ
목 안 말라요？

목 (이) 마르다（のどが渇く）。

□ **1時間ずっと歌ったら喉（が）枯れてきました。**

ハン シガン ネネ ノレ プルロットニ モク シュィオッソヨ
한 시간 내내 노래 불렀더니 목 쉬었어요 .

목 (이) 쉬다（喉が枯れる）。結果の原因を表す「〜したら」は - 았 / 었더니を使います。

12/12

ポルソ　シガン　タ　ドェッソ

벌써 시간 다 됐어？

もう時間かー

かんたん解説 시간 (이) 되다 (時間が経つ、時間になる)。

文法解説 終わりを表す 다

動詞の前に다（全部）をつけると、終わりや限度、最後の段階に至ることを意味し、다 되다で「そろそろ時間になる」、過去形で다 됐다で「もう時間だ」という意味になります。
영화 시간이 다 돼서 휴대폰을 껐어요． 映画の（始まる）時間なので携帯の電源を切りました。
약속 시간이 다 됐는데 친구가 안 와요． もう待ち合わせの時間なのに友だちが来ません。

これも言ってみよう！

☐ **もう少し歌いますか？**

チョム　ド　プルルレヨ

좀 더 부를래요？

どうしたいか相手の意見を聞くときは－ㄹ / 을래요？ を使います。

☐ **ストレスを発散したいときはカラオケに限りますね。**

ストゥレス　プルゴ　シプル　ッテヌン　ノレバンイ　チェゴイェヨ

스트레스 풀고 싶을 때는 노래방이 최고예요．

스트레스(를) 풀다（ストレスを発散する）。

☐ **2時間があっという間に過ぎましたね。**

トゥ　シガニ　クンバン　チナガンネヨ

두 시간이 금방 지나갔네요．

何かをするのに時間があまりかからなかった、時間が過ぎるのが早いと言うときは、금방。

Dahee's KOREA REPORT 12

発音違いで意味が変わる単語に注意！

韓国語のパッチムの発音、とくにㄹパッチムの発音をむずかしく感じている人は多いと思います。とくにㄹパッチムのあとにㄹが続く単語は、ㄹパッチムをはっきり発音しないと違う言葉に聞こえるので気をつけましょう。

「驚く」を意味する「놀라다」、「驚きました」を意味する「놀랐어요」は、ㄹの発音をはっきりしないと「놀았어요」（遊びました）に聞こえてしまいます。

上手に発音するコツは、ㄹパッチムをはっきり発音して、あとに続くㄹを発音するときは舌の先のほうに力を入れて、ふつうの「ラ」（韓国語の라）を言うときよりもっと強く弾くことです。

ほかにも、「달라요」（違います、異なります）が「달아요」（甘いです）、「빨라요」（速いです）が「빨아요」（洗濯します）に聞こえやすいので気をつけてくださいね。

TRACK 13

韓国語をほめられたときの気の利いた返し方や、相手のことをもっと知りたいな、と思ったときに使えるフレーズを紹介します。

世間話

「韓国語が上手ですね」
と言われた。

本当ですか？　ちゃんと発音できているか時々不安です

「どのくらい韓国語を勉強しているんですか？」と聞かれて。

習い始めて1年くらい経ちます

「もしかして10代ですか？」
とお世辞を言われた。

そんなに若くないですよ～

「韓国語が上手ですね」と言われた。

13/1

チョンマリョ
정말요？

チェデロ パルムマゴ インヌンジ カックム プラネヨ
제대로 발음하고 있는지 가끔 불안해요 .

本当ですか？　ちゃんと発音できているか時々不安です

かんたん解説 相手のセリフ：한국어 잘하시네요 .

文法解説 **ほめられたときに会話がはずむ返し方**

ほめられたときの返事に正解はありませんが、아니에요 , 아직 멀었어요（いえいえ、まだまだです）という決まり文句より、もっと会話が広がるような返し方を考えてみましょう。勉強の悩みだったり、勉強してきた期間だったり、アドバイスを求める文章などをいくつか考えておくと、初対面の会話でもテンポよく弾むはずです。

これも言ってみよう！

☐ **敬語（の使い方）がまだ慣れないです。**

ノピンマリ アジク イクスカジ アナヨ
높임말이 아직 익숙하지 않아요 .

높임말（敬語）、익숙하다（慣れる）。

☐ **もし間違ってたら言ってください。**

ホクシ トゥルリミョン マレ ヂュセヨ
혹시 틀리면 말해 주세요 .

틀리다（間違う）。

☐ **ほめてくれてありがとうございます。**

チンチャネ ヂョソ コマウォヨ
칭찬해 줘서 고마워요 .

칭찬하다（ほめる）。

「どのくらい韓国語を勉強しているんですか?」と聞かれて。

コンブ　シヂャカン　ヂ　イルリョン　ヂョンド　トェッソヨ

공부 시작한 지 일년 정도 됐어요 .

習い始めて1年くらい経ちます

かんたん解説　相手のセリフ：한국어는 얼마나 공부하셨어요?

文法解説　経過を表す - ㄴ / 은 지 됐어요

「〜して(時間がどれぐらい) 経つ」は - ㄴ / 은 지 됐어요という表現を使います。쯤(くらい)、정도 (くらい)、이상 (以上) なども覚えておきましょう。1년 정도 됐어요. 1年ほど経ちます。아직 1 년 안 됐어요 . まだ1年経っていないです。1년 넘었어요 . 1年以上経ちます。

これも言ってみよう!

☐ **もうちょっとで1年になります。**

チョグム　イッスミョン　イルリョン　ドェヨ

조금 있으면 일년 돼요 .

좀 (조금) 있으면 (もうちょっとで)。넘다 (越える)。

☐ **かなり長くやっています。**

ックェ　オレットンアン　ハゴ　イッソヨ

꽤 오랫동안 하고 있어요 .

오랫동안 (長い間)。

☐ **始めたばかりです。**

シヂャカン　ヂ　オルマ　アン　ドェッソヨ

시작한 지 얼마 안 됐어요 .

直訳では「始めてからあまり経っていません」。

「もしかして10代ですか?」とお世辞を言われた。

13/3

チョ　クロケ　アン　オリョヨ
저 그렇게 안 어려요 .

そんなに若くないですよ〜

かんたん解説 「若い」を意味する単語には어리다と젊다がありますが、어리다は「幼い」という意味で子どもから学生のうち、젊다は20代くらいの若さを言います。相手のセリフ:혹시 십대세요?

文法解説 **年齢に関するさまざまな表現**

「年齢が上だ」は나이가 많다(歳が多い)、「年齢が下だ」は나이가 적다(歳が少ない)、어리다(幼い)と言います。젊다(若い)は年齢が上か下かを言うときにはあまり使いません。「若く見える、下に見える」は어려 보이다、「上に見える」は나이가 들어 보이다、많아 보이다などと言います。他人に対して「上に見える」という場合は、失礼にならないように어른스러워 보여요(大人っぽく見えます)を使うことが多いです。

これも言ってみよう!

□ **やだ〜冗談やめてください。**

エイ　ノンダマヂ　マセヨ
에이 , 농담하지 마세요 .

에이〜は照れ隠しで「あらやだ〜、やだもう〜」みたいな感じで使います。

□ **若く見えるってよく言われます。**

オリョ　ポインダヌン　マル　チャヂュ　トゥロヨ
어려 보인다는 말 자주 들어요 .

動詞+ㄴ/는다는 말は直訳では「〜という話」。어려 보인다는 말(若く見えるという話)。

日本で観光するのにおすすめの場所を聞かれたので…。

おすすめしたい場所が
いっぱいあって悩む～

「釜山生まれです」という人に。

プサナミョン　パダヂョ

부산하면 바다죠 .

釜山といえば、海ですよね

かんたん解説　相手のセリフ：저는 부산 출신이에요 .

文法解説　**「〜といえば」は韓国語で？**

「Aに関して話すとBが連想できる」と言いたい場合は、 A하면 B (이) 지요 (Aといえば B でしょう) と言います。 Bのあとに続く -(이) 지요は、ほかに - 이 / 가 유명하죠 (〜が有名でしょう)、 - 이 / 가 생각 나요 (〜が浮かびます) などに変えることができます。

これも言ってみよう！

☐ **（何か）釜山弁、教えてください！**

プサン　サトゥリ　カルチョ　ヂュセヨ
부산 사투리 가르쳐 주세요 !

사투리 (方言)。

☐ **今度連れてってください。**

タウメ　テリョガ　ヂュセヨ
다음에 데려가 주세요 .

데려가다 (連れて行く)。

☐ **何度か行ったことあります。**

ミョッ ポン　カ　ポァッソヨ
몇 번 가 봤어요 .

「何度か」は몇 번인가と言いますが、会話では短く몇 번をよく使います。

「釜山でどこか行ってみたいところありますか?」と聞かれて。

13/5

ヘサン　ケイブルカ　ラヌン　ゲ　イッタミョンソヨ
'해상 케이블카' 라는 게 있다면서요?

クゴ　タ　ボゴ　シポヨ
그거 타 보고 싶어요.

海上ケーブルカーというのがあると聞きました。それ乗ってみたいです!

かんたん解説 -라는 게は -라고 하는 것이(というものが)の短縮形。
相手のセリフ:어디 가 보고 싶은 데 있어요?

文法解説 「〜らしいですね?」を表す -다면서요?

-다면서요?は「〜らしいですね?、〜だと聞きましたが本当ですか?」というニュアンスで、聞いたことがある話を本当かどうか確認する表現。ある話題に関して何か聞いたことがあったり、知っている情報があるということを相手にアピールしたいときにも使います。

これも言ってみよう!

☐ **夜景(を)見に行きたいです。**

ヤギョン　ポロ　ガゴ　シポヨ
야경 보러 가고 싶어요.

☐ **ガイドブックで見たことあります。**

ガイドゥブゲソ　ポン チョ　ギッソヨ
가이드북에서 본 적(이)있어요.

-ㄴ/은 적이 있다(〜したことがある)、-ㄴ/은 적이 없다(〜したことがない)。적は「こと」を意味しますが、것とは違って過去の経験を話すときに使います。会話では이を省略することが多いです。

☐ **前から夜市に行ってみたいなと思ってました。**

チョンブト　ヤシヂャンエ　カ　ボゴ　シポッソヨ
전부터 야시장에 가 보고 싶었어요.

日本で観光するのにおすすめの場所を聞かれたので…。

13/6

ウム　チョウン　デガ　ノム　マナソ　コミンドェ
음… 좋은 데가 너무 많아서 고민돼 .

おすすめしたい場所がいっぱいあって悩む〜

かんたん解説 直訳では「いい場所がいっぱいあって悩んでいる状態になる」。「〜なところ、〜な場所」は곳も使いますが、会話では데と言うことが多いです。

文法解説 **- 하다、- 되다 の違いとは？**

– 되다には「そういった心理状態になる」という意味があります。したがって、고민 (이) 되다と言うと「悩んでいる状態になる、迷う」となり、似たような単語に걱정 (이) 되다 (心配だ / 心配になる)、안심 (이) 되다 (安心だ / 心配がなくなる) などがあります。これらの単語は되다の代わりに하다を入れると、고민 (을) 하다 (考え込む)、걱정 (을) 하다 (心配をする)、안심 (을) 하다 (安心する) といった意味になります。

これも言ってみよう!

☐ **ショッピング好きなら、渋谷とかどうですか？**

ショピン チョアハミョン シブヤ カトゥン デ オッテヨ
쇼핑 좋아하면 시부야 같은 데 어때요 ?

「〜とかどう?」のように、提案をするときの「とか」は – 같은 ○○ (○○みたいな) と言います。直訳では「渋谷みたいなところ、どうですか?」。

☐ **ここ、前は有名じゃなかったけど、最近人気出てます。**

ヨギ イェジョネヌン アン ユミョンヘンヌンデ ヨヂュム インキ マナヂョッソヨ
여기 예전에는 안 유명했는데 , 요즘 인기 많아졌어요 .

「人気がある」は많다 (多い) を使って인기가 많다と言います。形容詞＋아 / 어지다で「〜くなる」という変化を表すことができます。

13
7
「韓国に来てどこか行きましたか?」と聞かれた。
弘大(ホンデ)には何回も行きました
13
8
そうだ、趣味を聞いてみよう!
お休みの日は、
何してるんですか?
13
9
趣味を聞かれて。
音楽を聴くこと以外はとくに…

「韓国に来てどこか行きましたか?」と聞かれた。

13/7

ホンデヌン　ミョッ　ポニナ　カ　ボァッソヨ
홍대는 몇 번이나 가 봤어요.

弘大には何回も行きました

かんたん解説　갔어요だと経験より事実を言う感じになるので、言い方によってはもう飽きたというニュアンスに聞こえる可能性があります。
相手のセリフ：한국에 와서 어디 가 봤어요?

文法解説　**回数を言うときによくあるミス**

韓国語で回数は「数字+번」で表しますが、数字をどう読むかによって번が「回」になったり「番」になったりします。回数を言うときは한 번、두 번、세 번…、番号を言うときは일 번、이 번、삼 번と読みます。

これも言ってみよう!

□ **地方旅行するならどこがいいですか?**

チバン　ヨヘン　カリョミョン　オディガ　チョアヨ
지방 여행 가려면 어디가 좋아요?

-(으)려면(〜するには、〜しようとするなら)。

□ **いつも弘大ばかり行っているので、違うところも行ってみたいです。**

メンナル　ホンデマン　カソ　タルン　デド　カ　ボゴ　シポヨ
맨날 홍대만 가서 다른 데도 가 보고 싶어요.

맨날(毎日のように)。

□ **全然遊びに行けてないです。**

チョニョ　ノルロ　モッ　タニゴ　イッソヨ
전혀 놀러 못 다니고 있어요.

다니다はほかの動詞につくと「〜して回る」という意味になります。놀러 다니다(遊びにいろんなところに行く)。놀러 못 다니다は「遊びに行けていない」と訳します。

そうだ、趣味を聞いてみよう！

13/8

シュィヌン ナレヌン ポトン オットケ ポネセヨ
쉬는 날에는 보통 어떻게 보내세요？

お休みの日は、何してるんですか？

かんたん解説 直訳では「お休みの日は何をして過ごしていますか？」。보통（ふだん、ふつう）。

文法解説 「過ごす」を表す 지내다 と 보내다 の違い

지내다と보내다はどちらも「過ごす」という意味ですが、지내다は比較的に長い期間、보내다は比較的に短い時間を言う場合が多いです。「いかがお過ごしでしょうか？」とたずねる場合は어떻게 지내세요?、もしくは잘 지내세요？ と言います。「よい年末を」「よい週末をお過ごしください」のように短い期間を言う場合は연말 잘 보내세요､주말 잘 보내세요と言います。

これも言ってみよう！

☐ 最近の趣味は何ですか？

ヨヂュㇺ チュィミ センファㇽ ムォ ハゴ イッソヨ
요즘 취미 생활 뭐 하고 있어요？

취미 생활（趣味生活）は趣味としている活動全般を意味します。

☐ 家でゴロゴロするときが一番幸せです。

チベソ トゥィングㇽトゥィングラㇽ ッテガ チェイㇽ ヘンボケヨ
집에서 뒹굴뒹굴할 때가 제일 행복해요.

「ゴロゴロする」は뒹굴다、뒹굴뒹굴하다と言います。

趣味を聞かれて。

13
9

ウマク　トゥンヌン　ゴ　マルゴヌン　ッタキ
음악 듣는 거 말고는 딱히 ...

音楽を聴くこと以外はとくに…

かんたん解説　- 말고는 (～以外は)。動詞の場合は - 는 거 말고는 (～すること以外は) と言います。

文法解説　**「とくに」を意味する 특히 と 딱히 の使い分け**

「その中でとくに」と言いたいときは특히、否定文で使う「とくに」は딱히を使います。
과일은 다 좋아하는데 , 특히 딸기를 좋아해요 .　果物は全部好きですけど、とくにいちごが好きです。
딱히 좋아하는 연예인은 없어요 .　とくに好きな芸能人はいないです。

これも言ってみよう！

□ **雰囲気のいいカフェを見つけるのが好きです。**

プヌィギ　チョウン　カペ　チャヂャダニヌン　ゴ　チョアヘヨ
분위기 좋은 카페 찾아다니는 거 좋아해요 .

찾아다니다は「何かを求めて探し回る」の意味。분위기は「雰囲気」という漢字語です。

□ **ピアノを習ってみようと思っています。**

ピアノルル　ペウォ　ボル　センガギエヨ
피아노를 배워 볼 생각이에요 .

- ㄹ / 를 생각이다 (～しようと思います)。

□ **強いて言えば、料理です。**

クヂ　マラヂャミョン　ヨリヨ
굳이 말하자면 요리요 .

굳이 말하자면 (強いて言えば)。

13
10
この3人で遊ぶの楽しいな!
この3人でグループチャット
作りましょう!
13
11
まだカカオの使い方が
慣れない…。
間違えて出ちゃいました!
もう一度招待してください
13
12
「このあとの予定は?」
と聞かれて。
スーパーに買い出しに
行こうかな、と

この３人で遊ぶの楽しいな！

13/10

ウリ　セシソ　ダントㇰパン　マンドゥロヨ

우리 셋이서 단톡방 만들어요！

この３人でグループチャット作りましょう！

かんたん解説 단톡방（グループチャットルーム）は단체 카카오톡방（団体カカオトーク部屋）を短縮した言い方です。グループチャットは단톡と言います。

文法解説 人数を言うときの「～で」は -(이) 서

「何人で」と人数を伝えたい場合は -(이) 서を使います。혼자서（一人で）、둘이서（二人で）、셋이서（三人で）…。もしくは혼자서、두 명이서、세 명이서…と言ってもＯＫです。

これも言ってみよう！

☐ 友だち登録しましたか？

チングチュガ　ヘッソヨ
친구추가 했어요？

「友だち登録」を意味する친구추가（友だち追加）は短くして친추とも言います。

☐ シェアした写真はどこで見られますか？

コンユハン　サヂヌン　オディソ　ポㇽ　ス　イッソヨ
공유한 사진은 어디서 볼 수 있어요？

공유하다は「共有する、シェア」という意味です。

☐ これからたくさん連絡とりましょう。

アプロ　チャヂュ　ヨㇽラケヨ
앞으로 자주 연락해요．

연락 (을) 하다（連絡〈を〉する）。

まだカカオの使い方が慣れない…。

13/11

シルスロ　ナガ　ポリョッソヨ
실수로 나가 버렸어요！

タシ　チョデ　ヂョム　ヘ　ヂュセヨ
다시 초대 좀 해 주세요.

間違えて出ちゃいました！　もう一度招待してください

かんたん解説　「間違えて〜をした」と言いたい場合は실수로〜、잘못〜を使います。

文法解説　「〜てしまう」を表す - 아 / 어 버리다

意図していないことをうっかりしてしまったときは – 아 / 어 버리다を使います。日本語の「〜てしまう」に比べて使う頻度が格段に少ないです。韓国語では「どうしよう！ 危ない！やばい！」と思うほどよくないミスをしたときに使います。

これも言ってみよう！

□ **間違えて送りました！　無視してください。**

チャルモッ　ポネッソヨ　ムシヘ　ヂュセヨ
잘못 보냈어요！ 무시해 주세요.

무시하다（無視する）。

□ **友だちもう一人グループチャットに招待していいですか？**

チング　ハンミョンド　チョデヘド　ドェヨ
친구 한 명 더 초대해도 돼요？

한 명 더（もう一人）。더（もっと）の位置に注意しましょう。

□ **やっと慣れてきました。**

イヂェ　チョム　イクスケヂョッソヨ
이제 좀 익숙해졌어요.

익숙하다+ - 어지다で「（段々と）慣れてきた」の意味。익숙해졌어요（慣れました）は익숙해요（慣れています）と混同しないように。

「このあとの予定は？」と聞かれて。

13/12

サル　ケ　イッソソ　シュポ　カリョゴ
살 게 있어서 슈퍼 가려고 .

スーパーに買い出しに行こうかな、と

かんたん解説 「〜しようと、しようかなと思う」はタメ口で -(으)려고、ていねい語で -(으)려고요と言います。
相手のセリフ：이제 뭐 해?

文法解説 **「買い物に行く」は韓国語で？**

「買い物をする」と同じように使える韓国語がないので、状況によって使い分けをします。
(슈퍼、백화점) 에 가다 :(スーパー、デパート) に行く
→ 何を買いにどこに行くかはっきり言う場合が多い。
장을 보다 : 生活に必要な物、食材などを買う
→ もともとは「市場に行く」の意味。生活用品や食材をたくさん買いに行くとき。
쇼핑을 하다 : ショッピングをする
→ 生活に必要なものより、コスメや洋服などを買いに行くとき。

これも言ってみよう！

☐ **ちょっと本屋に寄って行こうかなと思います。**

ソヂョメ　チョム　トゥルロッタ　カリョゴヨ
서점에 좀 들렀다 가려고요 .

〜에 들렀다 가다 (どこかに寄って行く / 帰る)。

☐ **このあと夕食の約束（が）あるんです。**

チョム　イッタ　チョニョク　ヤクソク　イッソヨ
좀 이따 저녁 약속 있어요 .

「夕食の約束」は저녁 약속、「ランチの約束」は점심 약속と言います。

「週末に友達とみんなでバーベキューするから（よかったら）あなたも来ない？」と誘われた。

誘ってくれてありがとうございます

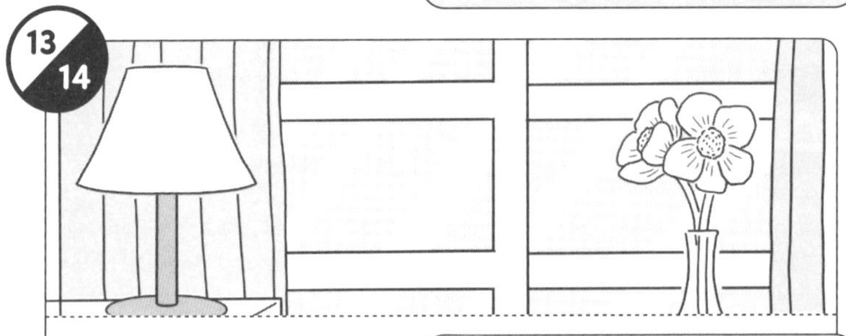

当日に大雨…中止の電話が来た。
「残念だけど雨のせいで
バーベキューはできなそうだね」。

まあ仕方ないですね。
またやるとき言ってください！

翌日、アルバイト先で。
「昨日、バーベキューできなくて
残念だったね」。

不安になって30分ごとに
天気予報見てました

「週末に友達とみんなでバーベキューするから
（よかったら）あなたも来ない？」と誘われた。

13/13

ムロボァ チョソ コマウォヨ
물어봐 줘서 고마워요 .

誘ってくれてありがとうございます

かんたん解説　相手のセリフ：주말에 친구들이랑 바베큐 파티 할 건데 너도 올래？

文法解説　「誘ってくれてありがとう」は韓国語で？

韓国語には「誘う」に相当する言葉がないので、状況によって부르다（呼ぶ）、초대하다（招待する）、물어보다（たずねる）、～자고 해주다（～しようと言ってくれる）などを使い分けします。
불러 줘서 고마워요．呼んでくれてありがとうございます。
초대해 줘서 고마워요．招待してくれてありがとうございます。
물어 봐 줘서 고마워요．聞いてくれてありがとうございます。
같이 가자고 해 줘서 고마워요．一緒に行こうと言ってくれてありがとうございます。

これも言ってみよう！

☐ **行きたいです！　仲間に入れてください。**

カゴ シポヨ チョド ッキウォ チュセヨ
가고 싶어요！ 저도 끼워 주세요 .

끼우다は「仲間に入れる」という意味です。

☐ **ちょっと人見知りなので心配ですが、行きます！**

チェガ ナチュル カリョソ チョム コクチョンイヂマン カルケヨ
제가 낯을 가려서 좀 걱정이지만 , 갈게요！

「人見知りする」は낯을 가리다、「人見知りが激しい」は낯가림이 심하다。

当日に大雨…中止の電話が来た。
「残念だけど雨のせいでバーベキューはできなそうだね」。

13 14

ハル　ス　オプチョ　ムォ
할 수 없죠 뭐.

タウメ　ット　ハミョン　マレ　ヂュセヨ
다음에 또 하면 말해 주세요!

まあ仕方ないですね。またやるとき言ってください！

かんたん解説　「仕方がない」は할 수 없다もしくは어쩔 수 없다と言います。
相手のセリフ：아쉽지만 비 와서 바베큐는 못 하겠다.

文法解説　「まあ」を表す 뭐

「一応受け入れる、一応それで満足、とにかく」というニュアンスの「まあ」は뭐をよく使います。文章の最後のほうに使う場合が多いのですが、最初のほうでもOK。ただし、「まあ座って座って」のように、相手にある行動を勧めるようなニュアンスの「まあ」に뭐は使いません。いい言葉が見つからないときの時間稼ぎとして使う場合もありますが、使いすぎないように気をつけましょう。

할 수 없지 뭐.　まあ仕方ないね。
뭐, 먹을 만해.　まあまあおいしいよ。

これも言ってみよう！

- □ **雨の音（が）すごいですね。**

  ピッソリ　チャンナン　アニネヨ
  빗소리 장난 아니네요.

  장난 아니다（すごい、尋常じゃない、半端じゃない）。

- □ **楽しみにしていたのに、残念です。**

  キデハゴ　イッソンヌンデ　アシュィウォヨ
  기대하고 있었는데 아쉬워요.

  아쉽다（残念だ、惜しい）。

翌日、アルバイト先で。「昨日、バーベキューできなくて残念だったね」。

13/15

プラネソ　サムシップンマダ　イルギイェボ　ポゴ
불안해서 삼십분마다 일기예보 보고

イッソッソヨ
있었어요 .

不安になって30分ごとに天気予報見てました

かんたん解説　相手のセリフ：어제 바베큐파티 못해서 너무 아쉬웠어 .

文法解説　마다 のいろいろな使い方

마다には「〜ごとに、〜おきに」のほかに「〜するたびに、〜によって違う」という意味があります。「〜するたびに」と言う場合は動詞に -ㄹ/을 때마다をつけます。

거의 십분마다 휴대폰을 만져요 . ほぼ10分おきにスマホいじってます → 〜ごとに

슈퍼에 갈 때마다 과자를 사요 . スーパーに行くたびにお菓子を買います → 〜するたびに

사람마다 달라요 . 人によって違います → 〜によって違う

これも言ってみよう！

☐ **よりによって明日雨だなんて。**

ハピル　ネイル　ピガ　オダニ
하필 내일 비가 오다니 .

☐ **最近、天気予報外れすぎじゃないですか？**

ヨヂュム　イルギイェボ　ノム　アン　マッチ　アナヨ
요즘 일기예보 너무 안 맞지 않아요 ?

予想が当たるは맞다、外れるは안 맞다と言います。

☐ **天気予報（が）また変わりました。**

イルギイェボ　ット　パックィオッソヨ
일기예보 또 바뀌었어요 .

「天気予報」は일기 예보（日気予報）もしくは날씨 예보（天気予報）。話し言葉は바꼈어요と言います。

Dahee's KOREA REPORT 13

歌詞に注目して聴いてほしい歌手、ベスト3

個人的に歌詞が新鮮でおもしろいと思う歌手は、십센치(10cm)、악동뮤지션(AKMU)、방탄소년단(BTS)です。有名な歌手なので、K-POPが好きな人は聞いたことがあるでしょう。10cmの曲だと、方言の어떻게 하노（どうしたらいい）と아메리카노（アメリカーノ）のダジャレがおもしろい「アメリカーノ」という曲がおすすめです。ロマンチックなメロディにじつはそうじゃない歌詞がついていたりおもしろい曲がたくさんあります。

AKMUは兄妹デュオで、おもに兄が作詞作曲をして、妹がボーカルを担当しています。歌詞が独創的で歌声が爽やかなのでこちらもぜひ聞いてみてほしいです。代表曲は「다리 꼬지 마」。日本語で「足を組むな」という曲名です。

そして、BTSの曲は歌詞に本人の体験談や今の社会について彼らの思うことが書かれている曲が多いです。私が歌詞に惹かれて好きになった曲は「Magic Shop」「tomorrow」です。

歌詞で韓国語を勉強してみたいと思った人はぜひ聴いてみていただけるとうれしいです。

TRACK 14

自分の体調が悪いときはもちろん、周りに具合が悪い人を見かけたときに使えるフレーズです。いざというときに役立ててください。

体調がすぐれない

14
1
朝から胃がもたれてつらい…。
もう絶対、夜中にラーメン
食べないようにする
14
2
お昼を食べたら、ますます
調子が悪くなってきた…。
食べすぎたかな？ 気持ち悪い…
14
3
どんどん具合が悪くなってきた。
でも友だちに心配かけたくない…。
なんでもないよ

14
1

イヂェ　チョルテ　パメヌン　ラミョン　アン　モグル　コヤ

이제 절대 밤에는 라면 안 먹을 거야 .

もう絶対、夜中にラーメン食べないようにする

かんたん解説 −ㄹ/을 거야は−ㄹ/을 거예요(〜します、するつもりです)のタメ口です。

文法解説 **절대、절대로 が使えるのは否定文だけ！**

「絶対」を意味する절대、절대로は否定の形でしか使えません。절대 안〜（絶対〜しない)、절대 못〜（絶対〜できない）などと言い、「絶対〜する」といった強い意志を表すニュアンスでは使わないので気をつけましょう。そのときは꼭（必ず）を使います。초대해 주면 꼭 갈게요.（招待してくれたら絶対行きます）。

これも言ってみよう！

☐ **もう絶対、徹夜しないように決めました。**

イヂェ　チョルテロ　パム　アン　セギロ　ヘッソヨ

이제 절대로 밤 안 새기로 했어요 .

−기로 하다（〜することに決める）。

☐ **もうお酒やめます。**

イヂェ　スル　ックヌル　コイェヨ

이제 술 끊을 거예요 .

お酒やタバコをやめるときは끊다（やめる）を使います。

☐ **夜中に食べるといつも胃もたれでつらいです。**

ヤシン　モグミョン　ハンサン　ソファガ　アン　ドェソ　ヒムドゥロヨ

야식 먹으면 항상 소화가 안 돼서 힘들어요 .

直訳では「消化ができなくてつらい」。소화가 안 되다（消化ができない）。

お昼を食べたら、ますます調子が悪くなってきた…。

14/2

ノム　マニ　モゴンナ
너무 많이 먹었나 ?

ソギ　アン　チョア
속이 안 좋아 ...

食べすぎたかな？ 気持ち悪い…

かんたん解説 「食べすぎた」と言うときの「〜しすぎる」は너무 많이で表します。「きれいすぎる」など形容詞の前につける場合は너무だけでＯＫですが、動詞の前だと많이が必要なので忘れずに！

文法解説 「気持ち悪い」は韓国語で？

胃が苦しいときの「気持ち悪い」は속이 안 좋다と言います。속は「中、中身、胃、心の中」などの意味を持つ言葉です。「気持ち悪い」を直訳して기분이 안 좋다、기분이 나쁘다と言うと「機嫌が悪い、うれしくない、嫌な気分だ」という意味になるので気をつけましょう。

これも言ってみよう！

□ **風邪ひいたみたいです。**

カムギ　コルリョンナ　ポァヨ
감기 걸렸나 봐요 .

-나 보다 (〜するみたい) の過去形 -았 / 었나 보다 (〜したみたい) を使います。

□ **胃もたれしたかも。お腹痛いです。**

チョヘンナ　ポァヨ　ペガ　アパヨ
체했나 봐요 . 배가 아파요 .

체하다 (胃もたれする)。

□ **吐き気がします。**

ソギ　メスッコリョヨ
속이 메슥거려요 .

메슥거리다 (吐き気がする)。

どんどん具合が悪くなってきた。でも友だちに心配かけたくない…。

14/3

アムゴット　アニャ
아무것도 아냐.

なんでもないよ

かんたん解説 아무것도（なんでも）のほかに、아무도（誰も）、아무데도（どこにも）などがあります。これらはすべて否定文で使います。

文法解説　아무것도 아냐 のいろいろな意味

아무것도 아냐、아무것도 아니에요は「なんでもないよ、なんでもないです」と状況を誤魔化すときによく使うフレーズです。ほかにも怖がったり、心配している相手を勇気づけるときや自信があるときに「朝飯前、楽勝」という意味で使うときもあります。
아무것도 아냐. 신경 쓰지 마. なんでもないよ。気にしないで。← 誤魔化すとき
충치 치료 아무것도 아냐. 금방 끝나. 虫歯治療なんて全然怖くないよ。すぐ終わるよ。←楽勝だよというとき

これも言ってみよう！

☐ **薬飲めば大丈夫です。**

ヤク モグミョン ドェヨ
약 먹으면 돼요.

-(으)면 돼요（～すればいいです、～すれば大丈夫です）。韓国語で「薬を飲む」は먹다（食べる）を使います。

☐ **病院に行くほどではありません。**

ピョンウォネ カル ヂョンドヌン アニエヨ
병원에 갈 정도는 아니에요.

-ㄹ/을 정도（～するくらい、～するほど）。정도（程度）。

14/4

「薬飲んだほうがいいよ。
薬買ってこようか?」と友だち。

頭痛薬はいつも持ってるから
大丈夫

14/5

「昨日体調悪かったってさっき
聞いたよ！　もう大丈夫?」と
言われた。

薬が効いたのか、
もうすっかり治った

14/6

具合が悪そうにしている人が
いる。声をかけなきゃ！

病院に行かなくても
大丈夫ですか?

「薬飲んだほうがいいよ。薬買ってこようか?」と友だち。

14
4

두통약은 항상 가지고 다니니까 괜찮아 .

(ドゥトンヤグン ハンサン カヂゴ ダニニカ クェンチャナ)

頭痛薬はいつも持ってるから大丈夫

かんたん解説 감기약(風邪薬)、소화제(胃薬)、진통제(鎮痛薬)、두통(頭痛)、근육통(筋肉痛)、생리통(生理痛)…薬の名前や症状を言えると安心。
相手のセリフ:약 사 올까?

文法解説 다니다 のいろいろな意味

다니다には「学校や会社に通う、行き来する、出入りする、回る、出歩く」などの意味があり、가지다(持つ)+다니다で가지고 다니다(持ち歩く)になります。これは、財布などを鞄やポケットの中にいつも入れている、という意味。들다(手に持つ)は、傘や鞄のような荷物をいつも持ち歩くというときに使い、들고 다니다で「手元に持ち歩く」という意味で使えます。

これも言ってみよう!

☐ **そんな! 薬局近いですし自分で買いに行きます。**

아니에요 , 약국 가까우니까 제가 사러 갈게요 .

(アニエヨ ヤックク カッカウニカ チェガ サロ カルケヨ)

「そんな、とんでもない」は아니에요をよく使います。

☐ **少し寝たら治ります。**

자고 일어나면 나아요 .

(チャゴ イロナミョン ナアヨ)

それほど大した病気じゃない、すぐ治るという意味の決まり文句です。

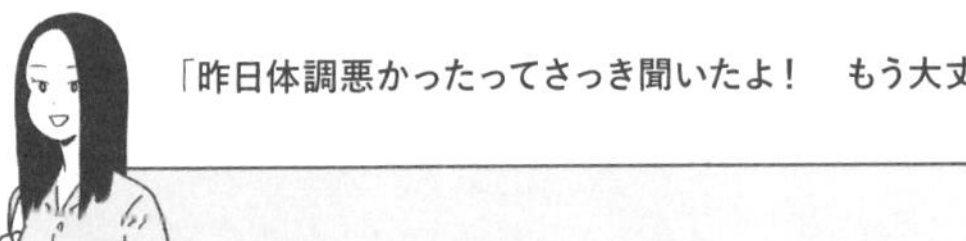

「昨日体調悪かったってさっき聞いたよ！　もう大丈夫？」と言われた。

ヤギ　チャル　トゥロンヌンヂ　イヂェ　タ　ナアッソ

약이 잘 들었는지 이제 다 나았어 .

薬が効いたのか、もうすっかり治った

かんたん解説　듣다（音楽などを聞く）は薬などが「効く」という意味でも使います。
相手のセリフ：어제 몸 안 좋았다면서？ 이제 괜찮아？

文法解説　**覚えておきたい 낫다 の不規則変化**

語幹の最後の文字がㅅパッチムの場合、母音が接続することでㅅパッチムがとれます。낫다（治る）、붓다（むくむ、腫れる）、짓다（建てる）などが当てはまり、－아 / 어をつけると나아、부어、지어という形に変わります。 낫다はとくに日常でよく使うのでしっかり覚えましょう。

これも言ってみよう！

☐ **だいたい治ったよ。**

コイ　タ　ナアッソ

거의 다 나았어 .

거의 다（だいたい、ほぼ）。

☐ **薬が効かないです。**

ヤギ　チャル　アン　ドゥロヨ

약이 잘 안 들어요 .

듣다（効く）に母音が接続するとㄷパッチムがㄹに変わります（ㄷ不規則変化）。

☐ **心配してくれてありがとうございます。**

コㇰチョンヘ　ヂョソ　コマウォヨ

걱정해 줘서 고마워요 .

아 / 어 주다（～してくれる）。「心配してくれる」は걱정하＋아 / 어 주다で걱정해 주다。

具合が悪そうにしている人がいる。声をかけなきゃ！

14/6

ピョンウォネ　アン　ガ　ボァド　クェンチャヌシゲッソヨ
병원에 안 가 봐도 괜찮으시겠어요？

病院に行かなくても大丈夫ですか？

かんたん解説 병원에 안 가도（病院に行かなくても）でも意味は通じますが、習慣的に병원에 안 가 봐도（病院に行ってみなくても）をよく使います。

文法解説 「大丈夫ですか？」のていねいな言い方

今の状態を聞く場合の「大丈夫ですか？」は괜찮아요？や괜찮으세요？を使います。「それでいいですか？ 本当に大丈夫ですか？」と確認するように聞くときは괜찮겠어요？ 知らない人に対して聞くときは괜찮다（大丈夫だ）に敬語の語尾으시다をつけて、괜찮으시겠어요？（大丈夫そうですか）と言います。

これも言ってみよう！

☐ 救急車呼びましょうか？

ククプチャ　プルロ　ドゥリルカヨ
구급차 불러 드릴까요？

☐ 歩けそうですか？

コルル　ス　イッケッソヨ
걸을 수 있겠어요？

걷다（歩く）に-을 수 있다（母音）が続く場合はㄷパッチムがㄹに変わります（ㄷ不規則変化）。

☐ 病院に行ったほうがいいと思いますよ。

ピョンウォン カ　ボショヤ　ハル コッ　カタヨ
병원 가 보셔야 할 것 같아요．

-아/어야 하다は「～したほうがいい」と訳すこともできます。

友だちとトイレへ。鏡に映る
ぽっちゃりした自分を見て。

歳とったせいか、
前よりやせにくくなってきた

ダイエットを決意したら、
「前も同じこと言ってたよ（笑）」
と言われた。

今回は本気なんだって!!

寝不足でしんどいなぁ。
「あら、寝不足？」と先生。

もっと早く寝ればよかった…

友だちとトイレへ。鏡に映るぽっちゃりした自分を見て。

14/7

ナイ　モゴソ　クロンヂ　イェヂョンポダ　サル　ッペギ
나이 먹어서 그런지 예전보다 살 빼기

ヒムドゥロ
힘들어 .

歳とったせいか、前よりやせにくくなってきた

かんたん解説 살 (을) 빼다(体重を減らす / ダイエットする)。– 기 힘들다 / 어렵다は「～するのが大変だ / ～しにくい」という意味です。

文法解説 **「やせる」と「太る」のいろいろな言い方**

自分の意志でやせる (体重を減らす) のか、自然にやせる (体重が減る) のかによって「やせる」単語が変わります。ダイエットをしてやせると言いたい場合は살 (을) 빼다 (肉を抜く)、自然にやせると言いたい場合は살이 빠지다 (肉が抜ける) と言います。「太る」は살이 찌다以外に、몸이 붇다 (太る)、살이 붙다 (肉がつく) があります。

これも言ってみよう!

☐ **疲れがとれないです。**

ピロガ　アン　プルリョヨ
피로가 안 풀려요 .

疲れがとれるは、피로가 풀리다と言います。

☐ **歳とるのもう嫌だー。**

ナイ　クマン　モッコ　シプタ
나이 그만 먹고 싶다 .

그만+動詞で「～するのをやめる」を意味。直訳すると「歳とるのはもうやめたい」。

☐ **前はこうじゃなかったのに。**

ミョッ　ニョン　ヂョンッカヂマン　ヘド　アニ レンヌンデ
몇 년 전까지만 해도 안 이랬는데 .

「～までは (今とは違う状況だった)」と強調するときに – 까지만 해도と言います。이랬다は이렇다 (こうだ) の過去形、안 이랬는데で「こうじゃなかったのに」という意味。

ダイエットを決意したら、「前も同じこと言ってたよ (笑)」と言われた。

イボネン　チンチャラゴ

이번엔 진짜라고 !

今回は本気なんだって!!

かんたん解説　相手のセリフ : 저번에도 그랬잖아 .

文法解説　「本当なんだって!」は韓国語で?

「本当だよ、違うんだよ」などと相手に信じてもらいたいときは 진짜라고! (本当なんだって)、아니라고! (違うんだって!) と言います。名詞には -(이) 라고、動詞には - ㄴ / 는다고、形容詞には - 다고、動詞と形容詞の過去形には - 았 / 었다고という形で接続して、「〜だって、〜だってば、〜と言っているじゃん、何度も言わせないで」というニュアンスで使えます。

これも言ってみよう!

□ ダイエット成功してみせるから見ててください!

ダイオトゥ　ソンゴンハル　コニカ　トゥゴ　ポァヨ

다이어트 성공할 거니까 두고 봐요 !

두고 봐、두고 봐요は覚悟を決めて何かに挑むときに「自分のことをちゃんと見てて」という意味で使う決まり文句です。

□ やる気が湧いてきました。

ウィヨギ　センギョッソヨ

의욕이 생겼어요 .

直訳では「意欲が出ました」。

寝不足でしんどいなぁ。「あら、寝不足?」と先生。

14/9

チョム　ド　イルチク　チャル　コル
좀 더 일찍 잘 걸…

もっと早く寝ればよかった…

かんたん解説 좀 더は「もう少し」を意味する조금 더が短くなった形です。会話でよく使う言い方です。相手のセリフ:잠 못 잤어?

文法解説 「～すればよかった」を表す -ㄹ/을 걸

-ㄹ/을 걸、-ㄹ/을 걸 그랬다は「～すればよかった」と後悔の気持ちを表す表現。タメ口の場合は-ㄹ/을 걸、～ㄹ/을 걸 그랬다のどちらでも使えますが、ていねいに話すときは-ㄹ/을 걸 그랬어요 しか使えません。

これも言ってみよう!

□ **昨日飲まなければよかったです。**

オヂェ スル　マシヂ　マル コル　コレッソヨ
어제 술 마시지 말 걸 그랬어요 .

「～しなければよかった」と言いたいときは-지 말다(～するのをやめる)を使って、-지 말 걸 그랬어요(～しなければよかったです)と言います。

□ **寝不足で仕事が手につかないです。**

チャムル モッ チャソ　イリ　ソネ　アン チャピョヨ
잠을 못 자서 일이 손에 안 잡혀요 .

수면부족(睡眠不足)という単語もありますが、日常会話では잠을 못 자다(寝れていない)を使います。「仕事が手につかない」は、일이 손에 안 잡히다と言います。

□ **コーヒー飲んでなんとか頑張ってみます。**

コピロ　ポテョ　ポルケヨ
커피로 버텨 볼게요 .

直訳では「コーヒーでなんとか耐えてみます」。

14/10
具合が悪そうな友だちを見て。
顔色悪いけど、大丈夫？
14/11
友だちがホットコーヒーを
こぼしてしまった！
大丈夫？　やけどしてない？
14/12
「さっき自転車とぶつかっ
ちゃって。ただのかすり傷
だよ」と言う友だち。
大ケガしなくてよかった

具合が悪そうな友だちを見て。

14/10

オルグル　アン　チョア　ボイヌンデ　クェンチャナ
얼굴 안 좋아보이는데 , 괜찮아 ?

顔色悪いけど、大丈夫?

文法解説　「〜そうに見える」を表す - 아 / 어 보이다

- 아 / 어 보이다（〜て見える、〜そうに見える）は形容詞に接続する場合がほとんどですが、例文や下の文章のように外見や様子を表す動詞に使うこともあります。
화나 보여요．　怒っているように見えます。
나이 들어 보여요．　年齢が（実際より）上に見えます。

これも言ってみよう!

□ しんどそうだけど、大丈夫ですか?

ヒムドゥロ　ボイヌンデ　クェンチャナヨ
힘들어 보이는데 , 괜찮아요 ?

□ どこか具合でも悪いですか?

オディ　アン　チョアヨ
어디 안 좋아요 ?

「具合が悪い」は몸이 안 좋다。ここでは몸이は省略できます。

□ 熱出てるんじゃないですか?

ヨル　ナヌン　ゴ　アニエヨ
열 나는 거 아니에요 ?

열 (이) 나다 (熱が出る)。

友だちがホットコーヒーをこぼしてしまった！

14 11

クェンチャナ
괜찮아？

ファサン　イプン　ゴ　アニヤ
화상 입은 거 아니야？

大丈夫？　やけどしてない？

かんたん解説 화상（やけど）は「火傷」を意味する漢字語です。

文法解説　입다 のいろいろな使い方

입다は「着る」という意味でおなじみですが、상처（를）입다（ケガをする）、화상（을）입다（やけどをする）、피해（를）입다（被害に遭う）のように被害や傷、損害を負うという意味でも使います。日常では상처（를）/ 화상（을）입다の代わりに、다치다（ケガをする）という動詞を使う場合もあります。会話では助詞 을 / 를（を）は省略できます。

これも言ってみよう！

☐ **薬買ってきます。**

ヤク　サ　オルケヨ
약 사 올게요 .

사다（買う）+오다（来る）で사 오다（買って来る）になります。

☐ **大丈夫ですか？　指切ってないですか？**

クェンチャナヨ　ソンカラク　アン　ペヨッソヨ
괜찮아요？ 손가락 안 베였어요？

손가락（指）などを「切る」は베이다を使います。

☐ **ケガしなかったですか？**

アン　ダチョッソヨ
안 다쳤어요？

다치다（ケガする）。

「さっき自転車とぶつかっちゃって。ただのかすり傷だよ」と言う友だち。

14/12

クゲ　アン　ダチョソ　チョンマン タヘンイダ
크게 안 다쳐서 천만다행이다 .

大ケガしなくてよかった

かんたん解説 相手のセリフ：아까 자전거하고 부딪혀 가지고 . 살짝 긁혔을 뿐인데 뭘 .

文法解説 **悪いことにならなくて「よかった」は韓国語で？**

心配していたような悪い結果にならなくて安心した、と言うときの「よかった」は다행이다を使います。安心した気持ちをもっと強調して言うときは、천만다행이다と言いましょう。

これも言ってみよう！

☐ **傷薬ちゃんと塗りましたか？**

サンチョヤグン　パルラッソヨ
상처약은 발랐어요 ?

바르다 (塗る) に아 / 어がつくと발라になります (ㄹ不規則変化)。

☐ **傷跡 (が) 残るんじゃないですか？**

ヒュント ナムヌン ゴ　アニエヨ
흉터 남는 거 아니에요 ?

흉터 (傷跡)。남다 (残る)。

☐ **びっくりしたでしょう。**

ッカムチャク　ノルラッケッソヨ
깜짝 놀랐겠어요 .

놀라나 (驚く) を強調するときは깜짝 놀라다 (びっくりする) と言います。

Dahee's KOREA REPORT 14

同じ意味でも、書き言葉と話し言葉は微妙に違う

　書き言葉と話し言葉が違い、どちらを使うべきか迷うことがあると思います。教科書や単語帳だけでは、実際の会話でよく使われるかどうかはわかりにくいかと思いますので、日常でよく使う単語を中心に紹介します。

외에と말고

どちらも「～以外」という意味。「외에」だと少し硬く感じるので、会話では「말고」のほうをよく使う。

매회と매번

どちらも「毎回」という意味。漢字をそのまま訳すと「매회」になるが、実際は「매번」をよく使う。回数を数える単位は「번」を使う場合が多い。

함께と같이

どちらも「一緒に」という意味だが、日常会話では「같이」を使う。「함께」は本や歌詞、手紙などではよく見かけるが、日常会話ではあまり使わない。

언제나と항상

どちらも「いつも」という意味。「언재나」は手紙を書くときや歌詞などではよく見かけるが、実際話すときは「항상」を使うことが多い。

誕生日を祝ってもらったり、相手の誕生日を祝ってあげたり…誕生日にまつわるフレーズを集めました。

誕生日に

TRACK 15

HAPPY BIRTHDAY

誕生日プレゼントをもらった。
あの話題のコスメだ！

ありがとう！
これなかなか入手できないのに！

プレゼントをもらって一言。

大切に使わせてもらうね

誕生日パーティが終わり、
お会計。

ここは私がおごるね

誕生日プレゼントをもらった。あの話題のコスメだ！

15/1

コマウォ
고마워！

イゴ　チンチャ　クハギ　ヒムドゥン　ゴンデ
이거 진짜 구하기 힘든 건데！

ありがとう！　これなかなか入手できないのに！

かんたん解説 구하기 힘든 건데を直訳すると「入手しにくい物なのに」。구하다は「求める、探す、入手する」という意味があります。

文法解説 **「～しやすい」と「～しにくい」は韓国語で？**

쉽다（やさしい）、어렵다／힘들다（むずかしい）＋－기で－기 쉽다（～しやすい）、－기 어렵다／힘들다（～しにくい）になります。
환절기에는 감기에 걸리기 쉬워요．季節の変わり目は風邪を引きやすいです。
햄버거가 커서 먹기 어려워요．ハンバーガーが大きくて食べにくいです。

これも言ってみよう！

☐ **これ本当に欲しかったものなので、すごくうれしいです！**

チンチャ　カッコ　シポットン　ゴラソ　ノム　キッポヨ
진짜 갖고 싶었던 거라서 너무 기뻐요！

갖고 싶다（欲しい）に過去連体形 던（～していた、した）と거（もの）がついて、갖고 싶었던 거（欲しかったもの）になります。

☐ **誕生日（を）覚えてくれてありがとうございます！**

センイル　キオケ　ヂョソ　コマウォヨ
생일 기억해 줘서 고마워요！

☐ **とても気に入りました！**

ノム　マウメ　ドゥロヨ
너무 마음에 들어요！

마음에 들다（気に入る）。

プレゼントをもらって一言。

ソヂュンハゲ　チャル　ッスルケ

소중하게 잘 쓸게 .

大切に使わせてもらうね

かんたん解説 韓国語には「使わせてもらう」という受け身表現がないため、잘 쓸게(有益に使うね)と言います。

文法解説

「大切だ、大事だ」を意味する単語の使い分け

소중하다、중요하다はともに「大切だ、大事だ」を意味しますが、「壊れないように大事にする」意味なら소중하다、「優先されるべき、欠かせないもの」の意味なら중요하다(重要だ)を使いましょう。例文の意味で「大切に」と言いたい場合は소중하게もしくは소중히を使います。

これも言ってみよう!

□ **もったいなくて使えそうにないです。**

アッカウォソ　モッ　スル　コッ　カタヨ

아까워서 못 쓸 것 같아요 .

아깝다(もったいない)。

□ **おいしくいただきます。**

マシッケ　チャル　モグルケヨ

맛있게 잘 먹을게요 .

食べ物をもらったときによく言うお礼の言葉ですので、このまま覚えておきましょう。

□ **手紙まで書いてくれてありがとうございます!**

ソンピョンヂッカヂ　ッソ　ヂュショソ　カムサハムニダ

손편지까지 써 주셔서 감사합니다 !

Eメールなどと区別するために、손편지(手で書いた手紙)という単語が使われます。

誕生日パーティが終わり、お会計。

15/3

オヌルン　ネガ　サルケ
오늘은 내가 살게 .

ここは私がおごるね

かんたん解説 사다には「買う」のほかに「おごる」という意味があります。

文法解説 **お会計の時に使えるフレーズ**

사다以外に「おごる」を意味する単語には、한턱내다、한턱(을)쏘다があります。한턱내다の턱はよいことがあったときに食事をごちそうすること。また、韓国では생일턱といって、誕生日の人がみんなにおごることもあります。ちなみに「割り勘にしよう」は각자 계산하자 .「お会計別々でお願いします」は 따로 계산해 주세요 . と言います。

これも言ってみよう！

☐ **誕生日祝ってくれてありがとうございます。**

センイル　チュカヘ　ヂョソ　コマウォヨ
생일 축하해 줘서 고마워요 .

「祝う」は축하하다と言います。축하 (祝賀)。

☐ **忘れられない誕生日になりそうです。**

イヂュル　ス　オムヌン　センイリ　トェル　コッ　カタヨ
잊을 수 없는 생일이 될 것 같아요 .

- (名詞) +이 / 가 되다 (～になる)。

☐ **今日は私のおごりですから、好きなものいっぱい頼んでください。**

オヌルン　チェガ　ッソヌン　ゴニカ　マウムッコッ　シキセヨ
오늘은 제가 쏘는 거니까 마음껏 시키세요 .

마음껏 (思いっきり、思う存分、好きなだけ)。

15/4

来週が誕生日だという友だち。
欲しいものを聞いてみよう。

プレゼント、何が欲しい?

15/5

「ユリさんの誕生日に何
プレゼントするの?」と聞かれた。

クッキーを作って
プレゼントしようと思って

15/6

友だちの誕生日プレゼントを
買いに。「気に入ってもらえる
かな?」とテヨン。

きっと、喜ぶと思うよ

来週が誕生日だという友だち。欲しいものを聞いてみよう。

15/4

ソンムル　ムォ　カッコ　シポ
선물 뭐 갖고 싶어？

プレゼント、何が欲しい？

文法解説　「欲しい」のさまざまな言い方

手に入れたい、ある物が欲しいというときは、갖다（持つ）に－고 싶다（～したい）をつけて、갖고 싶다（欲しい）を使います。「誰かに～してほしい」という場合は、－아 / 어 주세요（～してください）や－아 / 어 줬으면 좋겠다（～してくれたらいいな）などを使います。
同じような意味を持つ単語に원하다（願う、望む）、탐나다（欲しい）もありますが、원하다は－기를 원하다（～することを願う）のように、「欲しい」という意味ではあまり使いません。また탐나다は欲しがってはいけないものが欲しい、というときに使うことが多いです。

これも言ってみよう！

☐ もうすぐですね！

オルマ アン　ナマンネヨ
얼마 안 남았네요！

直訳では「あまり残っていない」。ある日が迫ってきたときによく使うフレーズです。

☐ 誕生日に予定ありますか？

センイレ　ヤクソク　イッソヨ
생일에 약속 있어요？

予定があるかどうかをたずねるときは、약속 있어요？（約束ありますか）と言います。

「ユリさんの誕生日に何プレゼントするの？」と聞かれた。

15/5

クキ　マンドゥロ　ガヂゴ　ソンムラリョゴヨ
쿠키 만들어 가지고 선물하려고요 .

クッキーを作ってプレゼントしようと思って

かんたん解説 -(으) 려고 하다 (～しようと思う / しようとする)。「～しようと思って」のように文末にくる場合は -(으) 려고요という形で使う場合が多いです。相手のセリフ：선물 뭐 할지 정했어？

文法解説 「～して、～ので」を表す - 아 / 어 가지고 の使い方

– 아 / 어 가지고は「～して、～ので」を意味し、가지고に続く文章の行動をするために、가지고の前にある文章の行動が行われる必要があるといった場合に使います。例文の場合だと、プレゼントをするためには、クッキーを作る必要がある、ということです。– 아 / 어 가지고は – 아 / 어서とほぼ同じ使い方ができるので、理由を表す場合もあります。

これも言ってみよう！

□ **まだ決めてないです。**

アヂㇰ　モッ　チョンヘッソヨ
아직 못 정했어요 .

この場合の「決めてない」は못 정했어요 (決められていない) が自然。「～できない」の못を使います。안 정했어요だとわざと決めていないというニュアンスになります。

□ **直接聞いてみようか（と思います）。**

チㇰチョㇷ゚　ムロ　ボリョゴヨ
직접 물어 보려고요 .

묻다 (聞く、たずねる) に母音 – 아 / 어 보다 (～てみる) を接続すると、ㄷパッチムがㄹに変わり물어 보다 (聞いてみる) になります (ㄷ変則活用)。

友だちの誕生日プレゼントを買いに。
「プレゼント気に入ってもらえるかな？」とテヨン。

15/6

プンミョン　チョアハル　コヤ
분명 좋아할 거야 .

きっと、喜ぶと思うよ

かんたん解説 相手のセリフ：선물 마음에 들어 할까?

文法解説 「きっと〜でしょう」は韓国語で？

ただの自分の予想ではなく、ある程度根拠があって確信がある場合は - ㄹ / 을 거예요(きっと〜でしょう)を使います。タメ口の会話では - ㄹ / 을 거야(きっと〜だよ)になります。아마 (おそらく)、분명 (きっと)、확실히 (確実に) などの単語が前につく場合もあります。確信がない場合は - ㄹ / 을 것 같아요、〜지 않을까요を使います。

これも言ってみよう！

□ **香水は好みがあるから選びにくいです。**

ヒャンスヌン　ホブロガ　カルリニカ　コルギ　オリョウォヨ
향수는 호불호가 갈리니까 고르기 어려워요 .

호불호가 갈리다は「好き嫌いが分かれる」という意味です。호불호は「好不評」という漢字語です。

□ **ここの洋服好きって聞きましたよ。**

ヨギ　オッ　チョアハンダゴ　トゥリョッソヨ
여기 옷 좋아한다고 들었어요 .

- 다고 듣다 (〜だと聞く)。

Dahee's KOREA REPORT 15

直訳ぐせを解消するおすすめの勉強法

ネイティブのような自然な会話表現を学ぶのに、インタビュー映像やライブ配信が役立ちます。ドラマのセリフよりもリアルな表現ですし、なにより興味のあるジャンルに関する韓国語であれば、より熱心に聞くことができますよね？　私はファッション誌が好きだったので、日本の好きなモデルのインタビュー動画を見て日本語を勉強しました。知らなかった言い回しをたくさん知ることができて、とても参考になったのを覚えています。

みなさんも何かしら興味のある分野の人を見つけて、その人が話している動画を見てみてください。ネイティブの韓国語をたくさん聞くことで日本語に置き換えて直訳するくせがなくなりますし、自然な韓国語表現が身につきます。ネイティブが使うフレーズや文章を覚えたら、応用してみるのもおすすめです。

単語を覚えるだけなら、時間さえあれば1日100個でも覚えられるかもしれません。ですが、ネイティブが使うフレーズを自分の頭から自然にアウトプットできるようになるまでには日々の積み重ねが大事です。

今日からでも遅くないです。これからも頑張りましょう！

TRACK 16

初めての韓国のお宅訪問。手土産の用意や手料理をいただいたときに使えるフレーズです。

友だちの家に行く

16/1

手土産にケーキを予約。
テヨンの家に行く前に引き
取りに行こう。

予約したケーキ、
受け取りに来ました

16/2

テヨンの家の最寄り駅に
到着。テヨンから電話だ。
「今どこにいるの?」

あと5分で着くよ!

16/3

待ち合わせの時間に
少し遅れちゃった…。

お待たせ! 遅れてごめんね

手土産にケーキを予約。テヨンの家に行く前に引き取りに行こう。

ケイク　イェヤカン　ゴ　チャヂュロ　ワッソヨ
케익 예약한 거 찾으러 왔어요 .

予約したケーキ、受け取りに来ました

文法解説　**「取りに行く」は韓国語で？**

予約したものや預けたものを「取りに行く」は찾으러 가다、「取りに来る」は찾으러 오다と言います。ホテルに預けた荷物を取りに行く、コインロッカーに保管した荷物を取りに行く、など旅行のときに便利な表現です。ちなみに찾다にはいろいろな意味があり、「探す、見つける、見つかる」以外に「取り戻す、（お金を）下ろす」という意味もあります。

これも言ってみよう！

□ **フォークは要りません。**

ポクヌン　アン　チュショド　ドェヨ
포크는 안 주셔도 돼요 .

直訳では「フォークはくださらなくて結構です」。

□ **フォークは大丈夫です。**

ポクヌン　クェンチャナヨ
포크는 괜찮아요 .

필요없어요（必要ないです）だとやや冷たい言い方になので、괜찮아요（大丈夫です）がベター。

□ **ろうそくを5本ください。**

チョヌン　タソッ　ケ　チュセヨ
초는 다섯 개 주세요 .

ケーキにつけるろうそくは초、もしくは생일초と言います。

テヨンの家の最寄り駅に到着。テヨンから電話だ。「今どこにいるの？」

オブン　フミョン　トチャカル　コ　カタ
오분 후면 도착할 거 같아 .

あと5分で着くよ！

かんたん解説 相手のセリフ：지금 어디 쯤이야？

文法解説 「あと5分で」を言うときに使う 후에 / 후면

残り時間を伝えるときは、時間の後ろに후（後）をつけます。오분 후（あと5分、5分後）、삼일 후（あと3日、3日後）。「あと5分で」の「で」は에や면を使って5분 후에、5분 후면、「あと5分だけ」のようなもう少し時間が欲しいという場面では、5분만 더と言います。

これも言ってみよう！

☐ 次の駅で降ります。

タウメ　ネリョヨ
다음에 내려요 .

다음 역（次の駅）、다음 정류장（次の停留所）とも言いますが、会話ではシンプルに다음에（次）내려요（降ります）ということが多いです。

☐ もうすぐ着きますよ。

イヂェ　コイ　タ　ワッソヨ
이제 거의 다 왔어요 .

오다（来る）は「着く」という意味でも使います。フレーズごと覚えましょう。

☐ 何番出口でしたっけ？

ミョッ　ポン　チュルグレッチョ
몇 번 출구랬죠？

랬죠？は라고 했죠？（～と言いましたっけ）を短く略した形。

待ち合わせの時間に少し遅れちゃった…。

16/3

マニ　キダリョッチ
많이 기다렸지？

ヌヂョソ　ミアン
늦어서 미안！

お待たせ！　遅れてごめんね

文法解説　待ち合わせのときに使えるフレーズ

待ち合わせに遅れたときの「お待たせ」は、미안, 많이 기다렸지？　と言います。直訳すると「ごめん、長く待たせたでしょう」という意味。まだ待ち合わせ時間前なのに相手が先に着いている場合は언제 왔어？(いつ着いた？)、빨리 왔네 (早く着いたね) と言います。

これも言ってみよう！

☐ **乗り換えがよくわからなくて遅れました。**

ファンスンハル　ッテ　チョム　ヘメソ　ヌヂョッソヨ
환승할 때 좀 헤매서 늦었어요.

直訳では「乗り換えのときちょっと迷って遅れました」。환승 (乗り換え)、헤매다 (迷う)。

☐ **地下鉄に乗り遅れてしまって。**

チハチョルル　ノチョソヨ
지하철을 놓쳐서요.

놓치다 (逃す)。

☐ **居眠りしてたら乗り過ごしました。**

ッカムパク　チョルダガ　チナチョッソヨ
깜빡 졸다가 지나쳤어요.

-다가 (〜している途中) は同時に起きたことを文章の前後に並べるときに使います。

16/4

テーブルの上にはテヨンのお母さんの手料理がいっぱい!

おいしそう!　これ全部一人で作られたんですか?

16/5

「何か韓国料理を作れる?」と聞かれて。

キムチチャーハンならできる

16/6

家に到着〜。あ、テヨンから電話だ。「家に着いた?」

今着いたところ。いっぱい食べたからか急に眠くなってきた

16/4

マシッケッタ
맛있겠다！

イゴ チㇰチョㇷ゚ タ ハシン ゴエヨ
이거 직접 다 하신 거예요？

おいしそう！　これ全部一人で作られたんですか？

かんたん解説 料理を「作る」は만들다も使いますが、하다を使う場合が多いです。

文法解説 「自分で」は韓国語で？

直訳して자기（自分）＋로（で）＝자기로と言いがちですがこれは間違い！　직접（直接）を使います。さらに「自分自身がやった」というニュアンスを強調して言いたい場合は제가（私が）をつけます。스스로（自分で、自ら）という単語もありますが、「やっと一人でできるようになった」というニュアンスがあり、子どもに対して使うのが一般的です。

これも言ってみよう！

☐ すごい！　料理お上手ですね！

ウワァ ヨリ チョンマル チャラシネヨ
우와！ 요리 정말 잘하시네요！

잘하다に敬語の語尾（으）시다をつけて잘하시네요（お上手ですね）と言います。

☐ 私、これ大好きなんです！　早く食べたいです！

チョ イゴ チンチャ チョアハゴドゥンヨ ッパルリ モッコ シポヨ
저 이거 진짜 좋아하거든요！ 빨리 먹고 싶어요！

相手が知らない情報を伝えるときに—거든요（〜なんですよ）をよく使います。

☐ おいしくいただきます！

マシッケ チャル モッケッスㇺニダ
맛있게 잘 먹겠습니다！

食事の前の挨拶「いただきます」は잘 먹겠습니다、「ごちそうさま」は잘 먹었습니다と言います。

「何か韓国料理を作れる?」と聞かれて。

16/5

김치볶음밥은 할 줄 알아.

(キムチポックムパプン ハル チュル アラ)

キムチチャーハンならできる

かんたん解説 할 줄 알아を만들 줄 알아（作ることができる）に変えてもOKです。
相手のセリフ：한국 음식 할 줄 아는 거 있어?

文法解説 -ㄹ/을 수 있다と -ㄹ/을 줄 알다 の使い分け

どちらも「〜できる」という可能を表す表現ですが、-ㄹ/을 수 있다は自分の能力のあるなしにかかわらず「できる」と言うときに使います。一方、-ㄹ/을 줄 알다は正確に言うと「やり方がわかる」という意味で、自分にその能力がある場合にしか使えません。やり方がわからない場合は -ㄹ/을 줄 모르다を使います。

これも言ってみよう!

□ 料理できる人、うらやましいです。

요리 잘하는 사람 부러워요.

(ヨリ チャラヌン サラム プロウォヨ)

부럽다（うらやましい）に아/어요をつけると부러워요になります（ㅂ変則活用）。

□ むずかしい料理は作れないです。

어려운 요리는 할 줄 몰라요.

(オリョウン ヨリヌン ハル チュル モルラヨ)

-ㄹ/을 줄 몰르다（〜できない）。

□ 味付けがむずかしいです。

간을 맞추는 게 어려워요.

(カヌル マッチュヌン ゲ オリョウォヨ)

「味付けをする」は간을 맞추다と言います。

家に到着〜。あ、テヨンから電話だ。「家に着いた?」

16
6

パングム　ワッソ
방금 왔어 .

マニ　モゴソ　クロンジ　チャミ　ッソダヂネ
많이 먹어서 그런지 잠이 쏟아지네 .

今着いたところ。いっぱい食べたからか急に眠くなってきた

かんたん解説　잠이 쏟아지다は「眠くなる」という意味で、잠이 오다 (眠くなる) を大げさに言う表現です。直訳すると、「一気に眠気が襲って来る」。
相手のセリフ:집에 잘 갔어?

文法解説　「〜だからなのか」を表す - 아 / 어서 그런지

動詞と形容詞の場合は - 아 / 어서 그런지、名詞の場合は - (이) 라서 그런지で「〜だからなのか」という言い方になります。그런지は그렇다 (そうだ) + ㄴ지 (〜のか) をつけた形。会話でよく使いますし、このまま覚えればいろいろな場面で使える便利なフレーズです。
커피를 마셔서 그런지 잠이 안 와요 . コーヒーを飲んだからか全然眠くないです。
주말이라서 그런지 사람이 엄청 많았어요 . 週末だからかすごく混んでました。
理由表現の - 서は「〜したので」と過去の意味で使うとしても過去形には接続しないため、- 았 / 었어서 그런지とは言いません。いつも - 아 / 어서 그런지という形になります。

これも言ってみよう!

□ 今度は私が招待しますね。

タウメヌン　チェガ　チョデハルケヨ
다음에는 제가 초대할게요 .

다음에는 (今度は、次回は)。

□ じゃあ、ゆっくり休んでくださいね。

クロム　プク　シュィセヨ
그럼 푹 쉬세요 .

この場合の「ゆっくり」は푹。同じ意味の천천히は速度を言うときにしか使いません。

Dahee's KOREA REPORT 16

コスメを買うときに役立つ表現

観光客が多い場所にある店舗では日本語や中国語が話せる店員さんがいます。でも、次回韓国旅行に行ったら、負けじとこれらの表現を使ってみてくださいね。

肌の悩み

肌がつっぱる

피부가(ピブガ) 당기다(ッテンギダ) [땡기다]

肌がガサガサだ

피부가(ピブガ) 거칠다(コチルダ) （까칠하다(ッカチラダ)とも言います）

肌が荒れる

피부가(ピブガ) 뒤집어지다(ドゥィヂボヂダ)

肌が敏感になる

피부가(ピブガ) 예민해지다(イェミネヂダ)

コスメのタイプ

カバー力がよい

커버력이(コボリョギ) 좋다(チョッタ)

塗り心地（付け心地）がよい

발림성이(パルリムソンイ) 좋다(チョッタ)

発色がよい

발색이(パルセギ) 잘(チャル) 되다(ドェダ)

しっとりしている

촉촉하다(チョッチョカダ)

TRACK 17

相手に「おめでとう」を伝えたり、ほめたりするときに使えるフレーズです。スムーズに言えるようになると人間関係もよくなります。

ほめ言葉

17/1

友だちが面接に受かった!

面接受かったの?
よかったね! おめでとう!

17/2

家族自慢をする会社の人に。

わぁ、すばらしいですね

17/3

仕事を手伝ってもらった
会社の先輩に。

さすが先輩!
先輩に追いつくにはまだまだですね

17/1

ミョンジョプ　プットッソ
면접 붙었어？

チョンマル　チャルドェッタ　チュカヘ
정말 잘됐다！ 축하해！

面接受かったの？　よかったね！　おめでとう！

かんたん解説 붙다（くっつく）には「受かる」という意味もあります。

文法解説 **うれしいことがあったときの「よかった」は？**

日本語の「よかった」にはいろいろなニュアンスがありますが、韓国語では使い分けが必要です。例文のように、おめでたいことがあったときの「よかった」は잘됐다。タメ口会話では、独り言の感嘆詞のように잘됐다！（よかった！）と言ったり、잘됐네！（よかったね！）と言います。ていねいに話す場合は잘됐네요！（よかったですね！）と言えばOKです。

これも言ってみよう！

☐ **絶対受かると思いました！**

プットゥル チュル　アラッソヨ
붙을 줄 알았어요！

自分の予想どおりだったと言うときは－ㄹ/을 줄 알았다（だと思った）を使います。

☐ **お疲れさまでした！**

コセンヘッソヨ
고생했어요！

고생하다（苦労する）。直訳では「苦労しましたね」。

☐ **合格祝いしようね。**

ハプキョク　チュカ　パティハジャ
합격 축하 파티하자.

お祝いと称して飲み会をしたり、集まることを축하 파티（祝賀パーティー）と言います。

家族自慢をする会社の人に。

17/2

ワ　チョンマル　テダナシネヨ
와 , 정말 대단하시네요 !

わぁ、すばらしいですね

文法解説　**ほめ言葉「すばらしい」の使い分け**

「すごい、すばらしい、素敵だ」はシチュエーションによって使う単語が違います。人に対して言う場合は相手によって使い分けをします。
정말 대단하시네요 . → 年齢関係なく、ていねいなほめ言葉 : 대단하다
멋지세요 . → 年齢関係なく「格好いい、素敵だ」: 멋지다
기특하네요 . → 年下に対して「えらい、いい子」: 기특하다

これも言ってみよう!

☐ **素敵な娘さんですね。**

モッチン　ッタニムル　トゥションネヨ
멋진 따님을 두셨네요 .

直訳では「素敵な娘さんをお持ちで!」。딸 / 아들 을 두다で「娘／息子がいる」を意味します。따님 (娘のていねい語)、아드님 (息子のていねい語)。

☐ **心強い息子さんですね。**

トゥンドゥナン　アドゥニムル　トゥションネヨ
든든한 아드님을 두셨네요 .

든든하다 (心強い、頼もしい)。

☐ **私も見習わなきゃ。**

チョド　ポンパダヤゲッソヨ
저도 본받아야겠어요 .

본받다 (見習う)。- 아 / 어야겠다 (～しなきゃ)。

仕事を手伝ってもらった会社の先輩に。

ヨクシ　ソンベニミセヨ
역시 선배님이세요 !

ッタラガリョミョン　チョヌン　アヂン　モロッソヨ
따라가려면 저는 아직 멀었어요 .

さすが先輩！　先輩に追いつくにはまだまだですね

かんたん解説　感心したときの「さすが」は역시を使います。「やはり」という意味もあるので、誰かに感心したときは역시＋〇〇（名前）が自然な表現です。

文法解説　**「〜するにはまだ早い」を表す -(으) 려면 아직 멀었어요**

-(으)려면（〜するには）＋아직 멀었어요（まだまだです）で、-(으)려면 아직 멀었어요（〜するにはまだ早いです、まだ先ですね）と言うことができます。また、「〜するためには（こうしなければならない）という状況でも -(으)려면をよく使います。

これも言ってみよう！

☐ **めちゃ助かりましたー。**

クン　ドウミ　ドェッソヨ
큰 도움이 됐어요 .

도움이 되다（役に立つ）。すごく役に立ったと言うときは큰（大きな）をつけます。

☐ **ここからは自分でやります。**

ヨギブトヌン　チェガ　ハゲッスムニダ
여기부터는 제가 하겠습니다 .

-게요のていねいな表現、-겠습니다はビジネスシーンでよく使う語尾です。

☐ **これからもっと頑張りたいと思います。**

アプロ　ド　プンバレヤゲッソヨ
앞으로 더 분발해야겠어요 .

분발하다（奮起する）。

17/4
友だちがWEBマンガサイトで作家デビューを目指していると聞いて。
絵（を）描くの上手だし、マンガ家に向いてると思うよ
17/5
カルビの本場、水原の焼肉屋へ。肉が焼けたみたい。食べてみよう！
さすが本場は違いますね～
17/6
日本のことをよく知ってるなぁ。
日本のこと本当に詳しいですね

友だちが WEBマンガサイトで作家デビューを目指していると聞いて。

17/4

クリムド チャル クリゴ
그림도 잘 그리고,

ウェプトゥン チャッカハミョン チャラル コッ カタ
웹툰 작가하면 잘할 것 같아.

絵（を）描くの上手だし、マンガ家に向いてると思うよ

かんたん解説 그림 (을) 그리다 (絵を描く)、웹툰 (WEB マンガ)。

文法解説 「向いている」の言い方はいろいろ！

進路のことで悩んでいる友だちに「～に向いてると思うよ」と言うときは、以下のようなフレーズをよく使います。적성에 잘 맞다 (適性に合う)、잘할 것 같다 (上手にできそう)、딱 인 것 같다 (ぴったりだと思う)、잘 어울리다 (よく似合う)。

これも言ってみよう！

□ どんなマンガを描きたいですか？

オットン マヌァルル クリゴ シポヨ
어떤 만화를 그리고 싶어요？

「～がしたい」の助詞は을 / 를 (を) が一般的ですが、이 / 가を使ってもOKです。만화 (マンガ)。

□ 作家デビューしたら最初のファンになりたいです！

チャッカ デブィハミョン チェガ イロ ペン ハルレヨ
작가 데뷔하면 제가 일호 팬 할래요！

1호 팬 (ファン1号)。

□ 私に一番に見せてください！

チョハンテ チェイル モンヂョ ポヨ ヂュセヨ
저한테 제일 먼저 보여 주세요！

例文の場合の「一番」は제일 먼저 (一番最初に) を使います。

カルビの本場、水原の焼肉屋へ。肉が焼けたみたい。食べてみよう！

ウェ　イルブロ　ヨギッカヂ　ワソ　モクヌンジ
왜 일부러 여기까지 와서 먹는지

アル　コッ　カタヨ
알 것 같아요 .

さすが本場は違いますね～

かんたん解説　直訳では「なぜわざわざここまで来て食べるのかがわかる気がします」。

文法解説　「～な気がする」を表す - 것 같아요

「思う、気がする」と言う場合、- 것 같아요をよく使います。動詞の場合は、過去形：- 았 / 었던 것 같다(～したような気がする)、現在形:- ㄴ / 는 것 같다(～ている気がする)、未来形：- ㄹ / 을 것 같다 (～そうな気がする) の形になります。形容詞の場合は、- 았 / 었던 것 같다 (～だった気がする)、- ㄴ / 은 것 같다 (～な気がする)、- ㄹ / 을 것 같다 (～そうな気がする) を使います。

これも言ってみよう！

□ **ここで食べたらもっとおいしく感じます。**

ヨギソ　モグニカ　ド　マシンヌン　ゴッ　カタヨ
여기서 먹으니까 더 맛있는 것 같아요 .

仮定ではなくすでに起きていることに対する「～したら」は -(으) 니까を使います。仮定の -(으) 면と混乱しないように気をつけましょう。

□ **長いこと並んだ甲斐がありますね。**

オレ　キダリン　ポラミ　インネヨ
오래 기다린 보람이 있네요 .

- ㄴ / 은 보람이 있다 (～した甲斐がある)。

日本のことをよく知ってるなぁ。

イルボネ　テヘソ　チョンマル　チャル　アシネヨ

일본에 대해서 정말 잘 아시네요 .

日本のこと本当に詳しいですね

かんたん解説 「知らないことがないですね」という意味の모르는 게 없으시네요（なんでも知っているんですね）と言ってもOKです。-에 대해서（～について）。

文法解説 「詳しい」の使い分け

細かい、詳細であることを意味する「詳しい」は상세하다、자세하다と言いますが、「よく知っている」という意味の場合は잘 알다（よく知っている）、많이 알다（たくさん知っている）、모르는 게 없다（～について知らないことがない）などのフレーズを使います。

これも言ってみよう！

☐ いつから興味を持つようになりましたか？

オンジェブト　クァンシム　カヂゲ　ドェッソヨ

언제부터 관심 가지게 됐어요 ?

관심을 가지다（興味を持つ）。

☐ たくさん勉強されたでしょうね。

コンブ　マニ　ハショッケンネヨ

공부 많이 하셨겠네요 .

많이の語順は공부の前ではなく하다の前に。勉強、たくさん、したの順になります。

☐ 日本人の私より詳しいですね。

イルボン　サラミン　チョボダ　ド　チャル　アシネヨ

일 본 사람인 저보다 더 잘 아시네요 .

알다（知る）に敬語の -（으）시다がつくときはㄹパッチムがとれます（ㄹ変則活用）。

本書に登場した基本文型のまとめ

依頼・許可

意思・願望

提案・意向をたずねる

感想を言う

状況を表す

疑問

伝達する

イラストをながめるだけで
「話す力」がぐんぐん身につく！

瞬間！

2020 年 10 月 28 日　初版発行
2020 年 12 月 15 日　再版発行

著者：イ・ダヒ
発行者：青柳昌行
発行：株式会社 KADOKAWA
〒 102-8177 東京都千代田区富士見 2-13-3
電話：0570-002-301（ナビダイヤル）
印刷所：大日本印刷株式会社

本書の無断複製（コピー、スキャン、デジタル化等）並びに無断複製物の譲渡及び配信は、著作権法上での例外を除き禁じられています。また、本書を代行業者などの第三者に依頼して複製する行為は、たとえ個人や家庭内での利用であっても一切認められておりません。

●お問い合わせ https://www.kadokawa.co.jp/
（「お問い合わせ」へお進みください）
※内容によっては、お答えできない場合があります。
※サポートは日本国内のみとさせていただきます。
※ Japanese text only

定価はカバーに表示してあります。

© Lee Da-Hee 2020 Printed in Japan
ISBN 978-4-04-604917-9　C0087